MADRES
de la
BIBLIA

MADRES
de la
BIBLIA

Ann Spangler
Jean E. Syswerda

La misión de Editorial Vida es proporcionar los recursos necesarios a fin de alcanzar a las personas para Jesucristo y ayudarlas a crecer en su fe

MADRES DE LA BIBLIA
Edición en español publicada
Por Editorial Vida – 2008
Miami, Florida

© 2008 por Ann Spangler y Jean E. Syswerda

Originally published in the U. S. A. under the title:
Mothers of The Bible
Copyright © **2006** by **Ann Spangler** and **Jean E. Syswerda**
Published by permission of Zondervan, Grand Rapids, Michigan

Traducción: *Daniel Andrés Díaz*
Edición: *Carlos Peña*
Diseño interior y cubierta: *Cathy Spee*

ISBN – 978-0-8297-5026-3

Categoría: Vida cristiana / Devocional

Impreso en Estados Unidos de América
Printed in the United States of America

08 09 10 11❖ 6 5 4 3 2 1

A Dorothy Eileen Spangler
Mi madre favorita y amiga

A mi madre, Gertrude Bloomer,
y a mi suegra, Lucile Scott Syswerda (1912-2002)
Con gratitud por los años de amor y servicio

Contenido

Introducción...9

Eva...13

Sara..27

Agar..41

Rebeca..55

Raquel..71

Lea...87

Las madres de Moisés..99

Ana..113

Elisabet...127

María, la madre de Jesús...................................141

La mujer sirofenicia.......................................159

Salomé, la madre de los hijos de Zebedeo...................173

Introducción

Poco después que Jean Syswerda y yo publicamos por primera vez *Women of the Bible* [Mujeres de la Biblia], un libro más grande del que se extrajo *Mothers of the Bible* [Madres de la Biblia], un colega que publica libros me confesó qué tan asombrado estaba por el éxito inmediato del libro. Después de encontrarlo en una librería local, había predicho, con confianza, que nunca se vendería. Él se reía mientras me decía eso, y se sentía feliz por nuestro bienestar, ya que su predicción no se había cumplido.

Creo que mi colega cometió un error entendible. Había subestimado el hambre que tienen las mujeres por los relatos auténticos con respecto a otras mujeres que reflejan sus batallas para vivir con fe y esperanza.

En este libro, Jean y yo hemos seleccionado doce madres prominentes de la Biblia, creyendo que sus vidas aún hablan a las madres de hoy. Esto es cierto a pesar del hecho de que su cultura difiere grandemente de la nuestra. Ya sea batallando con la infertilidad, con la tentación de tener favoritos entre sus hijos, con el reto de ser una madre soltera o con creer en las promesas de Dios con respecto a sus hijos, estas mujeres respondieron de forma negativa como positiva, y pueden ayudarnos a darle forma a nuestra experiencia con Dios.

Con la intención de ayudarte a entender el significado de sus historias, hemos desarrollado un programa único de devocional, combinando cinco elementos diferentes: inspiración, información de fondo, estudio de la Biblia, promesas de la Biblia y oración. Así es como cada una de las doce semanas, enfocándose en una madre particular de la Biblia, se manejará:

Lunes: su historia, un retrato inspirador de la vida de una madre.

Martes: su vida y época, información de fondo acerca de la cultura de su época.

Miércoles: su legado en la Escritura, un breve estudio bíblico sobre su vida con aplicación a la tuya.

Jueves: su promesa, promesas de la Biblia que aplican a su vida y a la tuya.

Viernes: su legado de oración, orando a la luz de su historia.

Al enfocarnos en una madre, por cinco días consecutivos, esperamos ayudarte a leer, reflejar, estudiar y orar de forma tal que te lleve más profundamente a la presencia de Dios; ayudándote a experimentar su gracia mientras vives tu llamado de maternidad.

Como en *Women of the Bible* [Mujeres de la Biblia], sugerimos empezar con el retrato del lunes, diseñado para ayudarte a entender los principales elementos de la historia de la mujer en cuestión. Después de eso, querrás leer las Escrituras específicas que pertenecen a su vida, aquellas mencionadas como «Escrituras clave» en la introducción que precede inmediatamente a la historia. Aunque el recuento inspirador de los lunes, en ocasiones, descansa sobre técnicas de ficción para mostrar varias dimensiones de una historia y la respuesta emocional de los personajes, se ha hecho todo un esfuerzo para permanecer cercanos al texto original, sacando conclusiones racionales del relato en la Escritura.

El martes te dará una mirada al interior de un aspecto particular sobre la vida y cultura de la mujer cuya historia se relate.

El miércoles está diseñado para balancear el relato inspirador del lunes al enviarte derecho a la Biblia, de manera que puedas entender y aplicar la Escritura a tu vida.

Las promesas del jueves te llevan un paso más allá, ofreciéndote versículos bíblicos que se puedan meditar, memorizar o copiar en tarjetas que se ubiquen como recordatorios en el trabajo o en la casa.

Las oraciones de los viernes están diseñadas para construir todo lo que previamente has estudiado y reflejado durante la semana. Al incluir una balanza de alabanza, acción de gracias, confesión y petición, como la base de tu oración, esta sección está diseñada para llevarte a una comunión más profunda con Dios.

Jean y yo sabemos que ser una madre es uno de los retos más difíciles y gratificantes del mundo. Esperamos que *Madres de la Biblia* te ofrezca una oportunidad para que, sola o en un grupo pequeño, percibas el amor y la fidelidad de Dios de manera fresca, bendiciendo a tus hijos a través del trabajo que él hace en tu vida.

Le debemos un agradecimiento especial a la publicadora asociada, Sandy Vander Zicht, por sus continuas ideas, ánimo y defensa de este libro, y al editor, señor Verlyn Verbrugge, por su cuidadosa y clara edición. Estamos agradecidas también con la directora creativa, Cindy Davis, por usar sus considerables talentos para realzar el diseño del libro, y con el mercadeo de Zondervan y los equipos de ventas, por sus esfuerzos continuos de ponerlo a disposición de cuantos lectores sea posible.

Eva

Su carácter: vino al mundo en perfecta paz con su Dios y con su esposo, la única persona que estaba con ella en el planeta. Vivía en el Paraíso, poseyendo todo placer imaginable. Nunca supo el significado de la vergüenza, de ser mal entendida, del dolor, de la desposesión, de la envidia, de la amargura, de la aflicción o de la culpa, hasta que escuchó a su enemigo y empezó a dudar de Dios.

Su lamento: junto con su esposo fueran expulsados del Paraíso y de la presencia de Dios, que su primer hijo fuera un asesino y su segundo, la víctima del primero.

Su alegría:	que una vez probó el Paraíso y que Dios le prometió que su descendencia destruiría eventualmente a su enemigo.
Escrituras clave:	Génesis 1:26-31; 2-4.

Su historia

La mujer se movió y se estiró, su piel era suave y dócil, como la de un recién nacido. Un dedo, luego otro, se movía en delicada exploración del terreno que la arrullaba. Podía sentir la tibieza que la llenaba, haciéndole cosquillas en su garganta, mientras intentaba escapar; escapando al fin en el feliz y fuerte ruido de la risa. Se sintió rodeada por toda la alegría, y luego, un toque la calmó sin que esta disminuyera.

Sus ojos se abrieron al brillo, sus oídos a la voz. Y luego, una voz más suave, repitiendo una triunfante respuesta, decía: «Ésta sí es hueso de mis huesos y carne de mi carne. Se llamará "mujer", porque del hombre fue sacada» (Génesis 2:23). Adán la asió y sus risas se encontraron cual corrientes que convergen.

El hombre y la mujer caminaron desnudos y sin vergüenza alguna en el Paraíso. Las sombras no tenían lugar en el Edén, tampoco el desorden, la discordia o el miedo.

Luego, un día, la serpiente habló a la mujer: «¿Es verdad que Dios les dijo que no comieran de ningún árbol del jardín? ... ¡No es cierto, no van a morir! Dios sabe muy bien que, cuando coman de ese árbol, se les abrirán los ojos y llegarán a ser como Dios, conocedores del bien y del mal» (Génesis 3:1,4-5).

La mujer escuchó. Recordó el brillo, la voz de Dios que la había llenado de alegría. ¿Es verdad que ella podía ser como Dios? Fuertemente presionada por el deseo, tomó la fruta y luego la compartió con su esposo. De repente, las tinieblas se expandieron por todo el Edén. Vinieron no de afuera, sino de adentro; llenando al hombre y a la mujer de sombras, de miseria y haciéndolos insaciables. El orden le dio paso al desorden, la armonía a la discordia y la confianza al miedo.

Pronto escucharon el sonido de su Creador caminando en el Jardín y se escondieron. «¿Dónde estás?», le preguntó Dios a Adán.

«Escuché que andabas por el jardín —respondió Adán—, y tuve miedo porque estoy desnudo. Por eso me escondí».

El pecado había dejado su cuña en sus corazones, y Dios los expulsó del Edén, pronunciando su juicio primero sobre la serpiente astuta que había tentado a la mujer, y después sobre Eva y sobre su esposo. A la maldición de la serpiente, añadió esta promesa: «Pondré enemistad entre tú y la mujer, y entre tu simiente y la de ella; su simiente te aplastará la cabeza, pero tú le morderás el talón» (Génesis 3:14). A la mujer, dijo Dios: «Multiplicaré tus dolores en el parto, y darás a luz a tus hijos con dolor. Desearás a tu marido, y el te dominará» (Génesis 3:16).

Después, Dios advirtió a Adán que, después de toda una vida de trabajo duro, su fuerza disminuiría hasta que finalmente su cuerpo fuera envuelto en el polvo del que Dios lo había formado. Repentinamente, la maldición de la muerte cayó sobre el nuevo mundo.

Así que Adán y su esposa fueron forzados a huir del Paraíso. Adán la llamó Eva, porque sería la madre de todos los vivientes. Pero su primogénito, Caín, se convirtió en un asesino, y su segundo hijo, Abel, en la víctima de Caín.

Con el paso de los años, dolor sobre dolor se acumuló en el corazón de la primera mujer, y de lo último que vemos de su vida, nos la imaginamos no como una criatura que emanaba frescura de la mano de Dios, sino como una mujer en angustia, dando a luz a otro hijo. Su piel ahora se estira como un lienzo gastado a lo largo de sus miembros, sus manos, rasgando el suelo rocoso, buscando algo a lo cual aferrarse, algo que mengüe su dolor. Puede sentir al niño adentro, llenándola, presionando su cuerpo para encontrar una forma de salir. Los llantos de la madre y el hijo se encuentran cual corrientes que convergen. Y nació Set.

Finalmente, con su hijo arrullado en su pecho, el alivio empieza a correrle por su rostro. Con el descanso, retorna la esperanza; se forma una sonrisa, y luego, finalmente, la risa sale de sus labios. Aunque lo intentó como pudo, no logro apagar su alegría. Porque recordó el brillo, la voz y la promesa que Dios le dio: tarde o temprano, a pesar de muchos sufrimientos, su simiente aplastará a la serpiente. Al final, la mujer ganaría.

Su vida y época

Alumbramiento

Eva fue la primera mujer en concebir un hijo, la primera en hospedar un óvulo fertilizado en sus entrañas. ¿Entendía el milagro que tenía lugar dentro de ella en tanto que su vientre se ensanchaba y su hijo se empezaba a mover? ¿Sabía del maravilloso amor por un hijo aún no nacido? La Biblia no nos da esas respuestas. Pero nos dice que reconoció que la vida estaba bajo el control de Dios. En el nacimiento de Caín, exclamó: «¡*Con la ayuda del Señor*, he tenido un hijo varón!» (Génesis 4:1 *énfasis añadido*).

El juicio de Dios sobre Eva —«y darás a luz a tus hijos con dolor» (Génesis 3:16)— fue sin duda lo que experimentó exactamente al dar a luz a su primer hijo. Es el proceso que apropiadamente llamamos *trabajo de parto*. Probablemente cargó con el dolor y pasó por todo el nacimiento solamente con la ayuda de Adán.

Después, las mujeres hebreas tuvieron la ayuda de parteras experimentadas que conocían los remedios para las dificultades comunes del alumbramiento. Las responsabilidades de estas parteras, después del nacimiento, incluían cortar el cordón umbilical, lavar al recién nacido, frotarlo con sal para limpiarlo y luego envolverlo en pañales.

Las dos piedras a las que se hace referencia en Éxodo 1:16 eran, probablemente, de baja altura, y en las que la futura madre se agachaba, permitiendo a la fuerza de gravedad ayudarle en el proceso del nacimiento. La partera, y posiblemente otros familiares cercanos, sostenían las manos de la madre para darle consuelo así como para sostenerla mientras daba a luz.

A lo largo de todos los siglos, las mujeres han cargado con los resultados del pecado de Eva. Su dolor, al dar a luz, las une con el lazo común de una experiencia compartida. La experiencia es una combinación inusual de lo terrenal y al mismo tiempo de lo sobrenatural. Los dolores, la dificultad para respirar, el desarreglo y el desorden conectados con el nacimiento de un niño, son terrenales, de la misma Eva. Pero lo que se da a luz y el vínculo entre la madre y el hijo de esta experiencia, es sobrenatural, algo que solo el Creador de la vida puede forjar.

Su legado en la Escritura

Lee Génesis 2:21-23

1. Describe la situación de Adán. ¿Qué necesidad no satisfecha tenía él en ese Paraíso que solo una mujer pudiera llenar?

Lee Génesis 2:24-25

2. ¿Qué significa «un solo ser» en un matrimonio tanto física como espiritualmente?

3. Piensa en una pareja que verdaderamente parezca «un solo ser». ¿De qué forma es su relación?

Lee Génesis 3:1-5

4. Este es uno de los pasajes más tristes de la Escritura, pero también uno que determina la forma de todo lo que va a seguir. ¿Qué tan fácilmente piensas que la serpiente engañó a Eva? ¿Crees que comió de la fruta la primera vez que se le aproximó o crees que la consumió después de un tiempo?

Lee Génesis 3:6-7

5. ¿Cuáles son las tres razones dadas en el versículo 6 para comer de la fruta?

6. Eva está haciendo una justificación de su pecado aquí. Pese a saber que eso estaba mal, se

le ocurrieron una variedad de razones por las cuales comer de cualquier forma. ¿Con qué clase de razones intentas justificar tu pecado?

Lee Génesis 3:8-13

7. Adán y Eva representaron dramáticamente la escena clásica de culparse el uno al otro: Adán culpa a Eva y Eva culpa a la serpiente. ¿Alguno de los tres participantes es más o menos culpable? ¿Qué te dicen las maldiciones que profirió Dios sobre cada uno acerca de quién «tuvo la culpa»? (para la serpiente, cf. Génesis 3:14-15; para Eva, cf. Génesis 3:16; para Adán, cf. Génesis 3:17-19).

Lee Génesis 3:20-24

8. ¿Qué es lo primero que Dios hace por Adán y Eva después de declarar cuál sería su castigo?

9. Hacer ropas para Adán y Eva es práctico, pero también es un hecho para meditar. ¿Qué te dice esto acerca de Dios? ¿Qué piensas que estaría dispuesto a hacer por ti una vez hayas pecado y te hayas arrepentido?

Lee Génesis 4:1-2

10. ¿A quién reconoce Eva como la fuente de vida?

Jueves

Su promesa

Inmersa en la misma maldición sobre Eva por su pecado, se encuentra una maravillosa promesa. Dios le promete a ella y a las futuras generaciones: «Darás a luz a tus hijos» (Génesis 3:16). La gracia y la misericordia de Dios son maravillosamente evidentes, aun cuando está pronunciando su juicio. Él promete que la raza humana todavía continuará mientras anuncia que ahora la muerte será inevitable.

A través de toda la Escritura, la gracia de Dios, a menudo, se hace más bellamente evidente dentro de sus juicios. Cuando el mundo estaba tan lleno de pecado que tuvo que destruirlo, su gracia salvó a Noé y a su familia. Cuando los israelitas se revelaron de tal manera que su cautividad era inevitable, su gracia prometió restauración. Mientras el juicio caía sobre David por su pecado con Betsabé, su gracia les dio a Salomón como hijo y sucesor.

Cuando estés en tu punto más bajo, de rodillas ante el juicio de Dios, nunca olvides que su gracia aún está obrando. Y eso es verdaderamente sorprendente.

Promesas en la Escritura

«De su plenitud todos hemos recibido gracia sobre gracia»
(Juan 1:16).

«Pero allí donde abundó el pecado, sobreabundó la gracia, a fin de que, así como reinó el pecado en la muerte, reine también la gracia que nos trae justificación y vida eterna por medio de Jesucristo nuestro Señor»

(Romanos 5:20-21).

Su legado de oración

«*Y Dios creó al ser humano a su imagen; los creó a imagen de Dios. Hombre y mujer los creó*»

(Génesis 1:27).

Reflexiona sobre: Génesis 2:15-25; 3

Alaba a Dios: porque te creo a su imagen, haciéndote una mujer capaz de reflejar su amor, verdad, fuerza, bondad, sabiduría y belleza.

Da gracias: porque inmersa en el juicio de Adán y Eva está la promesa de un Redentor que aplastará la cabeza de nuestro enemigo, el diablo.

Confiesa: tu tendencia de echar a perder la imagen de Dios en ti al preferir tu voluntad a la suya.

Pídele a Dios: ayudarte a rendir tu vida de manera que pueda cumplir su propósito cuando te creó.

Levanta tu corazón

Encuentra un lugar pacífico, rodeada por la belleza de su creación, para meditar en cómo debió ser la vida en el Jardín del Edén. Piensa en cómo sería tu vida si hubieras experimentado paz en todas tus relaciones; si nunca hubieras sufrido dolor físico o emocional; si nunca hubieras estado confundida, avergonzada o con culpa; si siempre hubieras experimentado el amor y la amistad de Dios. Deja que tu imaginación corra a rienda suelta mientras llena los detalles de la intención original de Dios para tu vida y para aquellos que amas.

Luego, considera esto: tú fuiste hecha para el Paraíso. Las alegrías que saboreas ahora son infinitesimales, comparadas con lo que te espera en el cielo, porque «Ningún ojo ha visto, ningún oído ha escuchado, ninguna mente humana ha concebido lo que Dios ha preparado para quienes lo aman» (1 Corintios 2:9).

Padre, dame un mayor entendimiento de tu plan original para nuestro mundo. Ayúdame a ver su belleza, de forma que pueda vivir con el conocimiento constante de que intentas restaurar el Paraíso para todos aquellos que te pertenecen. Que te rinda todo pecado y todo dolor, confiando en que cumplirás tu propósito para mi vida. Oro en el nombre de Jesús, Amén.

Sara

Su carácter:	lo suficientemente bella como para atraer a los gobernantes del mundo antiguo. Podía ser voluntariosa y celosa. Con todo, fue considerada una esposa leal, que hizo lo correcto y que no cedió ante el miedo.
Su lamento:	que no tuvo hijos durante casi toda su vida.
Su alegría:	que a los noventa años dio a luz a Isaac, el hijo prometido.
Escrituras clave:	Génesis 12:1-20; 16:1-8; 17:1-22; 18:1-15; 21:1-13; Gálatas 4:22-31.

Su historia

Sara tenía sesenta y cinco años —edad en las que muchas nos jubilamos— cuando empezó un viaje que la llevaría a un territorio espiritual inexplorado. Dejando atrás su tierra natal, junto con su esposo, Abraham, se mudaron cientos de kilómetros al sur de Canaán, una tierra fértil y llena de promesas de Dios, pero árida de todo lo querido y familiar. Dios les prometió esa tierra a ellos y a su descendencia. De Abraham no solo saldría una familia, clan o tribu, sino una nación entera, un pueblo que pertenecería a Dios como ninguno otro.

La promesa se esparció como las ondas de una piedra lanzada al agua. Si él iba a ser el padre de una nación, seguramente Sara sería su madre. Sin embargo, su espera para dar a luz fue mucha, y no para una nación, sino para un pequeño hijo al que pudiera besar y arrullar.

En principio, hallaron difícil su sostenimiento, y ni considerar sus hijos, en su nueva tierra. Pronto una hambruna hizo la vida tan severa que se trasladaron a Egipto, donde Abraham, asustado por el faraón, sugirió una maniobra engañosa para salvar su pellejo: «Yo sé que eres una mujer muy hermosa. Estoy seguro que en cuanto te vean los egipcios, dirán: "Es su esposa"; entonces a mí me matarán, pero a ti te dejarán con vida. Por favor di que eres mi hermana, para que gracias a ti me vaya bien y me dejen con vida» (Génesis 12:11-13).

De manera que Sara hizo como le pidió su esposo, y el faraón la añadió pronto a su harem de preciosas mujeres. Por el privilegio, le pagó a Abraham en la moneda de la época: una manada de ovejas, reces, burros, camellos y siervos. Pero aunque los dos hombres parecían satisfechos con su convenio, Dios no lo estaba. Procedió a golpear al faraón y a toda su casa con enfermedades. El gobernador egipcio invocó pronto a Abraham, pidiéndole una explicación. Tan pronto como escuchó la verdad, les permitió tanto a Abraham como a Sara marcharse, y con ellos marchó toda la riqueza que ganaron en Egipto.

Así que la pareja se traslado de casa de nuevo. En esta instancia, varios años habían pasado desde que habían oído la promesa de Dios, pero todavía no había ningún hijo. Así que ella se apersonó del tema. Siguiendo una práctica común, en el mundo antiguo, le dio a su esposo permiso para dormir con su criada egipcia, Agar. La esclava de Sara llegaría a ser la madre sustituta del hijo prometido.

Antes que pasara mucho tiempo, Ismael nació. Pero el niño únicamente trajo discordia entre las dos mujeres.

Un día, varios años después, el Señor se le apareció a Abraham mientras estaba sentado a la entrada de su carpa.

«—¿Dónde está Sara, tu esposa?

»—Allí en la carpa —le respondió.

»—Dentro de un año volveré a verte —dijo (Dios)—, y para entonces tu esposa Sara tendrá un hijo.

»Sara estaba escuchando a la entrada de la carpa ... se rió y pensó: "¿Acaso voy a tener este placer, ahora que ya estoy consumida y mi esposo es tan viejo?".

»Pero el Señor le dijo a Abraham:

»—¿Por qué se ríe Sara? ¿No cree que podrá tener un hijo en su vejez? ¿Acaso hay algo imposible para el Señor? El año que viene volveré a visitarte en esta fecha, y para entonces Sara habrá tenido un hijo.

»Sara, por su parte, tuvo miedo y mintió al decirle:

»—Yo no me estaba riendo.

»Pero el Señor le replicó:

»—Sí te reíste» (Génesis 18:99-10, 12-15 *énfasis añadido*).

Un año después, dio a luz a Isaac, cuyo nombre significa «risa». Por supuesto, el chiste no se perdió en la madre nonagenaria, que exclamó: «Dios me ha hecho reír, y todos los que se enteren de que he tenido un hijo, se reirán conmigo» (Génesis 21:6).

Pero su humor tuvo una vida corta. Los fuegos artificiales se encendieron una vez más entre las dos madres, hasta que Sara expulsó a Agar y a Ismael de la casa de Abraham, dejándolos errantes en el inclemente desierto. Y aunque Dios proveyó para los dos parias, fue a través de Isaac que cumpliría su promesa de una nación nueva y de un libertador para su gente.

Sara murió a la edad de ciento veintisiete años y fue enterrada en Hebrón. Entre el nacimiento de Isaac y la muerte de ella hay treinta y siete años, un tiempo amplio para reflexionar sobre la aventura de su vida con Dios. ¿Estaba avergonzada de ella por su trato con la desafortunada Agar? ¿Se acordaba que se rió cuando

Dios le dijo a Abraham que ella tendría un hijo a los noventa años? ¿Apreciaba el eco de la ironía en la risa del joven Isaac? ¿Tenía idea que algún día sería reverenciada como la madre de Israel; de hecho, un símbolo de la promesa así como Agar se iba a convertir en el símbolo de la esclavitud bajo la Ley? La Escritura no lo dice. Pero es alentador darse cuenta que Dios cumple su propósito a pesar de nuestras debilidades, nuestra poca fe y nuestra intrincada confianza en nosotros.

Es cierto, los intentos pragmáticos de Sara por ayudar a que Dios cumpliera su promesa causó una gran angustia (aún en nuestros días, la batalla entre Israel y sus vecinos del Arab proviene de la antigua lucha entre las dos mujeres y los hijos que concibieron). Con todo, a pesar de sus celos, ansiedad y escepticismo, en la habilidad de Dios para cumplir sus promesas, no se puede negar que Sara fue una arriesgada de primer orden; una mujer que le dijo adiós a todo lo familiar para viajar a una tierra de la cual no sabía nada. Una clase de mujer real, de carne y hueso, que vivió una aventura tan extraña como cualquier heroína de los cuentos de hadas; una aventura que empezó con una promesa y terminó con risas.

Su vida y época

Nombres

En los tiempos bíblicos, los nombres tenían un significado que, a menudo, no tienen hoy en día. Los nombres que daban las madres y los padres de esos tiempos a sus hijos nos dan un vistazo de su experiencia personal, reflejando algunas veces sus respuestas emocionales a una situación. Cuando Sara tenía noventa años, Dios le dijo, junto con Abraham, que tendrían finalmente el hijo por el cual habían esperado tan largo tiempo. ¡Difícilmente ella podía creerlo! «¿Acaso voy a tener este placer, ahora que ya estoy consumida y mi esposo es tan viejo?», exclamó. (Génesis 18:12). Cuando su hijo nació, lo llamó Isaac, que significa: «él se ríe». Entonces dijo: «Dios me ha hecho reír, y todos los que se enteren de que he tenido un hijo, se reirán conmigo» (Génesis 21:6).

Tal vez una de las escenas más conmovedoras de la Biblia es cuando Raquel, con gran dolor y sabiendo que se estaba muriendo, llamó a su hijo Benoní; que quiere decir: «hijo de mi aflicción». Pero Jacob, el padre del niño, amando a este pequeño aun desde su sufrimiento, le cambió el nombre por Benjamín: «hijo de mi mano derecha» (cf. Génesis 35:16-20). Cuando el hijo de Ana nació, lo llamó Samuel, lo cual suena como el hebreo de «Dios oyó», porque Dios había escuchado su clamor por un hijo (cf. 1 Samuel 1:20). Muchos de los profetas del Antiguo Testamento tenían nombres que hablaban de su misión: el nombre Isaías, significa: «el Señor salva»; el nombre Abdías, significa: «siervo del Señor»; el nombre Nahum, significa: «confortable»; y el nombre Malaquías, significa: «mi mensajero».

A través de toda la Escritura, Dios da a su pueblo nombres que le ofrecen una descripción de su significado y valor. Somos su «propiedad exclusiva» (Éxodo 19:5; Malaquías 3:17); «El pueblo de su propiedad» (Deuteronomio 4:20); «Hijos del Dios viviente» (Oseas 1:10); y sus «amigos» (Juan 15:15). No importa cuál sea tu nombre, Dios lo conoce. En amor, te llama por tu nombre y tú le perteneces (Isaías 43:1).

Su legado en la Escritura

Lee Génesis 17:15-16

1. *Sara* significa: «princesa», lo que revela su lugar como madre de una nación. ¿Sabes el significado de tu nombre? ¿Qué importancia tiene ese significado para ti?

2. Si fueras a pedirle a Dios que cambiara tu nombre, ¿cuál quisieras que fuera o qué quisieras que significara?

Lee Génesis 18:10-15; 21:1-7

3. Ponte en la posición de Sara. ¿Crees que también te habrías reído? ¿Por qué sí o por qué no?

4. Dios cumplió su promesa a Abraham y a Sara en un tiempo determinado. Describe cómo crees que se sintieron con respecto al tiempo que Dios se tomó.

5. ¿Has esperado alguna vez que Dios te cumpla una promesa? ¿Qué cosa estás esperando justo ahora?

6. En tanto que reflexionas sobre la historia de Sara y Abraham, ¿cómo puedes esperar mejor el cumplimiento de sus promesas para ti?

Lee Génesis 16:6; 18:12,15; 21:10

7. Escoge cinco adjetivos que describan a Sara. ¿En qué cosas eres similar a ella? ¿Y en qué cosas diferente?

8. Dios usó a Sara a pesar de sus faltas, de su impaciencia. ¿Cómo puede Dios usarte a pesar de tus imperfecciones?

Lee Génesis 21:1-7

9. ¿Qué dijo Sara cuando dio a luz a Isaac? ¿Por qué crees que dijo eso?

10. Describe un momento de tu vida en el cual Dios «te haya hecho reír».

Su promesa

Qué difícil fue para Sara (y lo es para nosotros también) recordar las promesas de Dios y esperar que las cumpliera. Las promesas de Dios son reveladas y cumplidas en su tiempo, lo cual, a menudo, pasan en un calendario muy diferente al nuestro.

Esperar pacientemente que Dios obre puede ser una de las experiencias más difíciles de nuestro caminar cristiano. Vivimos en la era de lo inmediato. Pensamos que esperar, y hacerlo *calladamente*, es de alguna forma menos valioso, quizá tendrá algo de pereza. Somos unos grandes, «hágalo usted mismo», entrometiéndonos, a menudo, en los caminos de Dios cuando hacemos las cosas con nuestras manos.

¿Estás esperando que Dios haga algo? ¿Le has pedido por la salvación de tu esposo? ¿De un miembro de tu familia? ¿Estás orando para que un hijo rebelde vuelva a casa? Cuales quiera que sean las circunstancias, el tiempo de Dios es el mejor. Cuando estés tentada a proceder y hacer que las cosas sucedan a tu manera, piensa en Sara. Sus intentos por cumplir la promesa de Dios de un hijo, a través de su sierva Agar, tuvo resultados desastrosos. Recuerda que Dios tiene su cronograma, y descansa en la certeza que te ama y que cumplirá sus promesas.

Promesas en la Escritura

«*Pon tu esperanza en el Señor; ten valor, cobra ánimo; ¡pon tu esperanza en el Señor!*»

(Salmos 27:14).

«*Espero al Señor, lo espero con toda el alma; en su palabra he puesto mi esperanza*»

(Salmos 130:5).

«*Por eso el Señor los espera, para tenerle piedad; por eso se levanta para mostrarles compasión. Porque el Señor es un Dios de justicia. ¡Dichosos todos los que en él esperan!*»

(Isaías 30:18).

«*Pero yo he puesto mi esperanza en el Señor; yo espero en el Dios de mi salvación. ¡Mi Dios me escuchará!*»

(Miqueas 7:7).

Su legado de oración

«*También le dijo Dios a Abraham: —A Saray, tu esposa, ya no la llamarás Saray, sino que su nombre será Sara. Yo la bendeciré, y por medio de ella te daré un hijo. Tanto la bendeciré, que será madre de naciones, y de ella surgirán reyes y pueblos*»

(Génesis 17:15-16).

Reflexiona sobre: Génesis 17:1-22.

Alaba a Dios: porque él cumple sus promesas.

Da gracias: porque Dios tiene un plan agradable para ti, que mostrará en su tiempo, de acuerdo con su forma de actuar.

Confiesa: tu ansiedad y tu confianza en ti.

Pídele a Dios: que te ayude a esperar con un oído atento y un corazón listo a hacer su voluntad.

Levanta tu corazón

Dios te da pistas de su propósito para plantar sueños en tu corazón. El sueño de Sara era dar a luz un hijo. Encuentra un lugar silencioso y pasa un momento enfocado en tus sueños. Pregúntate para qué sueños has estado muy ocupada, muy asustada o muy decepcionada como para perseguirlos. Escríbelos en un papel y ora por cada uno. Dios puede decirte que esperes o puede darte luz verde para perseguir alguno en particular. Si es hora de sumergirse, puede que te encuentres repitiendo felizmente las palabras de Sara, en Génesis 21:6: «Dios me ha hecho reír».

Padre, gracias por amarme a pesar del hecho de que mi alma todavía tiene sombras que a veces bloquean la luz de tu Espíritu. Que en cuanto me vuelva mayor, pueda confiar completamente más en ti; por los sueños que has plantado en mi alma, las promesas que me has hecho. Como Sara, que me rodee la risa mientras, de forma maravillosa, llevas a cabo tu propósito, a pesar de mi debilidad. En el nombre de Jesús, Amén.

Agar

Su carácter: una extranjera y esclava; dejó que el orgullo la alcanzara cuando llegó a ser la esposa de Abraham. Mujer solitaria y con pocos recursos; sufrió un duro castigo por su error. Obedeció la voz de Dios tan pronto la oyó, y se le prometió que su hijo llegaría a ser el padre de una gran nación.

Su lamento: que fue sacada de su tierra para convertirse en esclava en una ajena, donde fue maltratada por muchos años.

Su alegría: saber que Dios cuida, que vio su sufrimiento y oyó su clamor, y que la ayudó cuando más lo necesitó.

Escrituras clave: Génesis 16; 21:8-21; Gálatas 4:22-31

LUNES

Su historia

La esclava egipcia y amarga rival de Sara, Agar, aún tiene una cosa para sí, que su ama nunca disfrutó: una revelación personal de Dios; que intervino amorosamente a su favor, y no una, sino dos veces. Esto sucedió cuando estaba sola y asustada, sin un shekel a su nombre... pero eso es adelantarse en la historia.

Seguramente recordarás que Abraham, al que honramos como el «padre de la fe», mostró poca evidencia de esa fe cuando, junto con Sara, fueron por primera vez a Egipto para escapar de la hambruna en Canaán. Con certeza los egipcios lo matarían cuando vieran a su bella esposa; así que le aconsejó hacerse pasar por su hermana. Muy rápidamente, faraón añadió a Sara en su harem y recompensó a Abraham con abundancia de camellos, ovejas, reses, burros y siervos. Pero Dios castigó a faraón por su inadvertido error, con tanta efectividad que, cuando faraón se dio cuenta que Sara en realidad era la esposa de Abraham, les ordenó a ambos dejar Egipto y llevarse sus pertenencias. Posiblemente Agar era parte del botín que Abraham y Sara tomaron para sí... un regalo que más adelante lamentarían.

Sin embargo, de las tres partes involucradas en el esquema para hacer de Agar una madre sustituta, tal vez era la única parte inocente; una esclava con poco poder para resistirse. Cuando Sara le dijo a Abraham que durmiera con su criada, abrió la puerta a la catástrofe espiritual. Tan pronto como Agar descubrió su embarazo, empezó a volverse altanera con su ama; difícilmente una buena jugada por parte de una joven extranjera en contra de una mujer plena de los afectos de su marido.

De hecho, Sara le hizo la vida tan difícil a Agar que provocó que huyera al desierto; una jugada desesperada por parte de una mujer embarazada que estaba tan lejos de su hogar.

No había ido muy lejos, cuando oyó una voz llamándola: «—Agar, esclava de Saray, ¿de dónde vienes y a dónde vas? ... Vuelve junto a ella (Sara) y sométete a su autoridad» (Génesis 16:8-9 *énfasis añadido*). Pero luego, como para endulzar la orden, dio una palabra de certeza: «Darás a luz un hijo, y le pondrás por nombre Ismael, porque el Señor ha escuchado tu aflicción» (Génesis 16:11).

Notablemente, no argumentó nada, sino que retornó adonde Abraham y Sara. Como una corriente de agua en el desierto, la Palabra de Dios había penetrado la soledad de su corazón. Su cautiverio, su amargura, su ansiedad sobre el futuro; Dios vio cada parte de la situación. Él sabía del niño en sus entrañas, llamándolo Ismael, que significa: «Dios oye». En los años por venir, todas las veces que Agar estuviera cerca de su hijo, cuando lo viera jugar o se preocupara al respecto de su futuro, recordaría que Dios no estaba lejos, escuchando el llanto del niño. No es fortuito que hubiera respondido a la voz en el desierto, llamando al Señor: «El Dios que me ve».

Unos diez y seis años después, Agar se encontró nuevamente en la soledad; esta vez a la fuerza, en vez de hacerlo por elección propia. En una inmensa amargura contra su rival más joven, Sara la expulsó junto con Ismael de su casa. Casi muriéndose de sed, Agar puso a su hijo bajo un arbusto y se retiró, incapaz de presenciar la agonía de su hijo.

Su llanto fue roto pronto por la voz de un ángel: «No temas, pues Dios ha escuchado los sollozos del niño. Levántate y tómalo de la mano, que yo haré de él una gran nación» (Génesis 21:17-18). Así, el ángel del Señor abrió los ojos de Agar para que descubriera una fuente de agua cercana, que salvaría la vida de su hijo. (La fuente llegó a ser llamada *Beer Lahai Roi*, o «pozo del Viviente que me ve»).

Lo último que vemos de Agar es que está viviendo en el desierto de Parán, en la península del Sinaí, ocupándose en asegurarle una esposa y un futuro a Ismael. Dios había abierto una senda en la soledad para una mujer soltera y su hijo; sin amigos, familia o recursos que la ayudaran. Él había visto, había oído y verdaderamente había sido fiel.

Su vida y momentos

Esclavitud y maternidad sustituida

La esclavitud era una práctica común en la antigua cultura oriental; tan común que las leyes de Dios regularon su práctica honesta y segura, pero no su destrucción. Los esclavos se obtenían de varias formas: cautivos de guerra que se convertían en esclavos, particularmente mujeres vírgenes (cf. Números 31:7-32); hombres y mujeres con sus hijos que iban a esclavitud para pagar sus deudas (cf. Levítico 25:39); los esclavos podían también comprarse (cf. Lucas 25:44); y, en ocasiones, la esclavitud era simplemente voluntaria; como cuando un esclavo, después de ser liberado, permanecía en servidumbre para quedarse al lado de la esposa que amaba (Éxodo 21:2-6).

Agar, egipcia, probablemente llegó a ser esclava de Abraham y Sara cuando ellos salieron de Egipto (Génesis 12:20). Dejando su tierra natal atrás, se hizo útil y probó ser confiable; llegando así a ser la criada de Sara, una posición con algún rango de importancia dentro de la casa.

Sara debió tenerle algo de confianza, incluso hasta afecto, para querer que fuera la madre sustituta de su hijo. Tales prácticas eran absolutamente comunes en esa época. Las mujeres estériles urgían a sus esposos a tomar a sus criadas para ganar un hijo y heredero en la familia. Las esclavas, a menudo, se volvían las concubinas o esposas del amo o de uno de sus hijos. Sus hijos llegaban a ser propiedad, y a veces herederos de sus amos. Como esclavas, no tenían elección alguna en el asunto. Estaban solas, sin derechos y sin alguien que las defendiera.

Muchas mujeres, en la actualidad, están en una posición similar a la de Agar. Puede que no sean esclavas de verdad, pero están en posiciones de debilidad, sin alguien que las defienda. Nadie excepto Dios, el mismo que defendió a Agar y oyó el llanto de su hijo en el desierto, oye el llanto de las mujeres desamparadas y de sus hijos hoy. Cuando estamos en nuestro punto más débil, Dios está en su mejor punto, listo para entrar en escena y decirnos, como le dijo a Agar: «No temas» (Génesis 21:17).

Su legado en la Escritura

Lee Génesis 16:1-4a

1. La posición de Sara se acostumbraba en la época. Agar tenía poco que decir al respecto, pero debió tener alguna reacción hacia lo acontecido. ¿Cuál piensas que debió ser la reacción de Agar?

2. ¿Qué clase de reacción tienes cuando te encuentras en una posición sobre la cual no tienes control alguno? ¿Cómo puede Dios ayudarte cuando te encuentras en dicha posición?

Lee Génesis 16:4b-5

3. ¿Por qué piensas que Agar, en estado de embarazo, empezó a despreciar a Sara?

Lee Génesis 16:6-8

4. El área a la cual Agar huyó probablemente era muy estéril, y no estaba densamente poblada. Describe qué tan desesperada debió estar para huir al «desierto» de una situación difícil pero segura.

5. ¿Alguna vez has estado así de desesperada? ¿Cuáles eran las circunstancias?

Lee Génesis 16:9-12

6. Las palabras de Dios a Agar son de confianza, pero también de profecía. Su descendencia sería tanta «que no se podría contar»; pero el hijo, a través del cual vendría esa descendencia, sería «un hombre indómito, como un asno salvaje». ¿Qué imagen de Ismael deja eso en tu mente? ¿Qué clase de hombre piensas que era?

7. ¿Hay miembros de tu familia que, como Ismael, «vivan en conflicto»? ¿Cómo les respondes? ¿Qué puedes hacer para mejorar tus relaciones con ellos?

Lee Génesis 21:8-21

8. Aun cuando Agar e Ismael fueron desechados y estaban solos, Dios cuidó amorosamente de ellos. Describe cómo crees que se sintió Agar cuando recostó al niño y se fue porque no quería *verlo morir*. ¿Cómo satisfizo Dios su necesidad?

9. ¿De qué forma Dios satisfizo tus necesidades cuando estuviste desesperada y sola?

10. ¿Estás en una situación desesperada justo ahora? Lee Génesis 21:19 de nuevo. ¿Puede existir una «fuente» a la cual pudieras ir por sustento si tan solo pudieras verla? Pídele a Dios que te abra los ojos para ver la situación desde afuera, de la misma forma en que abrió los ojos de Agar y la ayudó en su desespero.

Su promesa

Una mujer joven y delgada se sienta desordenada en la silla del frente de su carro. Se cubre los oídos para bloquear el sonido de su pequeño hijo que lloriquea con frío en la silla trasera. Su esposo la abandonó junto con el niño hace dos meses. Al quedarse sin recursos, pronto fue sacada de su apartamento. El carro ahora es su único hogar. Ya pasó un buen tiempo desde que se consumió la última gota de gasolina, y su desgastado interior provee poca protección a los invernales vientos de afuera.

Esta Agar de hoy no está más lejos de las promesas de Dios de lo que estuvo la verdadera, mientras derramaba su lamento en el desierto. Dios ve el dolor de tu corazón tal como lo vio en Agar. Aunque puedes no estar tan desesperada como Agar o su contraparte moderna, puedes haber experimentado épocas en tu vida que te hicieron sentir temerosa del futuro. Ya sea que estés viviendo en la soledad de la pobreza o en la tristeza del dolor, las promesas de Dios, su amor y protección están tan disponibles para ti, ahora, como estuvieron para Agar.

Promesas en la Escritura

«En paz me acuesto y me duermo, porque sólo tú, Señor, me haces vivir confiado»

(Salmos 4:8).

«Éste es mi consuelo en medio del dolor: que tu promesa me da vida»

(Salmos 119:50).

«Aunque pase yo por grandes angustias, tú me darás vida; contra el furor de mis enemigos extenderás la mano: ¡tu mano derecha me pondrá a salvo!»

(Salmos 138:7).

Su legado de oración

«¿Qué te pasa, Agar? No temas, pues Dios ha escuchado los sollozos del niño. Levántate y tómalo de la mano, que yo haré de él una gran nación»

(Génesis 21:17-18).

Reflexiona sobre: Génesis 21:8-21.

Alaba a Dios: porque es un Padre que todo lo sabe y escucha el llanto de sus hijos. Nada que nos ocurra puede alguna vez escapar de su vista.

Da gracias: porque el Señor corre tras el débil y el necesitado para mostrarles su misericordia y su plan de bendición.

Confiesa: cualquier forma de orgullo, egoísmo u otro pecado que pueda haber contribuido a las dificultades de tu vida.

Pídele a Dios: que te abra los ojos a la forma en que él te está protegiendo y proveyendo junto con tus hijos. Pídele que te ayude a vivir cada día no como esclava de la Ley, sino como una hija de la gracia.

Levanta tu corazón

Invita a una pareja de amigos cercanos para compartir una fiesta del oriente medio con olivos, higos, pitas, nueces, hummus, tabbouleh y tu bebida favorita. Haz una oración especial de agradecimiento a Dios por proveer tan ricamente para ti, incluso cuando te sientes como viviendo una temporada de desierto. Comparte historias con otros con respecto a cómo ha provisto Dios aun cuando no estabas segura de que estuviera escuchando tus oraciones.

Humus

En un procesador de comida, mezcla dos tazas de garbanzos cocinados o enlatados, sin agua, con 2/3 de puré de sésamo (tahín), 3/4 de taza de jugo de limón, sal y pimienta granulada fresca, para dar sabor, y dos dientes de ajo pelados. Revuelve en 1/4 de taza ascalonias finamente tajadas. Haz alrededor de tres tazas. Un gran dip para el pan, las papitas o los vegetales frescos.

Tabbouleh

1. Coloca 3/4 de taza de trigo desgajado crudo en un tazón de vidrio y cúbrelo con agua fría por treinta minutos, luego escúrrelo completamente. (Para darle una textura más suave, cúbrelo con agua hirviendo y déjalo una hora antes de escurrirlo).

2. Adiciona 1 1/2 tazas de perejil fresco tajado, 3/2 de tomate tajado, cinco cebollas verdes finamente cortadas (con la parte superior), y dos cucharaditas de hojas de menta secas y machacadas.

3. En un tazón separado, mezcla 1/4 de taza de aceite de oliva, 1/4 de taza de jugo de limón,

3/4 de cucharadita de sal y 1/4 de cucharadita de pimienta. Vierte trigo triturado y agita.

4. Cubre y refrigera, al menos por una hora. Sírvelo con un aderezo o una hoja de menta. Haz seis porciones de aproximadamente 3/4 de taza cada una.

Señor, a veces me siento abandonada, como si nadie me entendiera o le importara. Por favor, muéstrame que de verdad estás cerca y que oyes y ves todo lo que pasa. Refréscame con tu presencia, aun cuando esté caminando en un «desierto» como experiencia. Y ayúdame, a su vez, a consolar a otros cuando se sientan desesperanzados y solos. Oro en el nombre de Jesús, Amén.

Rebeca

Su carácter: muy trabajadora y generosa. Su fe era tan grande que dejó su casa para siempre para casarse con un hombre al que nunca había visto o conocido. Sin embargo, tenía hijos favoritos. Y falló por no confiar en Dios completamente cuando él le hizo una promesa.

Su lamento: que fue estéril durante los primeros veinte años de su vida conyugal, y que nunca volvió a ver los ojos de su hijo favorito, Jacob, después que éste huyó de su hermano Esaú.

Su alegría: que Dios haya recorrido tan extraordinaria distancia para alcanzarla e invitarla a ser parte de su pueblo y sus promesas.

Escrituras clave: Génesis 24; 25:19-34; 26:1 - 28:9.

Su historia

El sol se ocultaba más allá de la orilla del cielo oriental, en tanto que la joven mujer se acercaba al pozo, a las afuera del pueblo de Najor, ochocientos kilómetros al noreste de Canaán. Era trabajo de las mujeres ir a buscar agua fresca cada noche; y Rebeca alzó el cántaro lleno de agua sobre su hombro, dándole la bienvenida al refrescante toque contra su piel.

Mientras se daba la vuelta, para irse, un extraño la saludó, pidiéndole algo de beber. Cortésmente, ella se ofreció a sacar agua para sus camellos también. Rebeca notó la mirada de sorpresiva satisfacción que cruzó por el rostro del extraño. Diez camellos podían consumir una buena cantidad de agua, ella lo sabía. Pero si hubiera escuchado el susurro de su oración, solo unos momentos antes, su asombro hubiera sobrepasado al del extraño. Este había orado: «Señor, Dios de mi amo Abraham, te ruego que hoy me vaya bien, y que demuestres el amor que le tienes a mi amo. Permite que la joven a quien le diga: "Por favor, baje usted su cántaro para que tome yo un poco de agua", y que me conteste: "Tome usted, y además les daré agua a sus camellos", sea la que tú has elegido para tu siervo Isaac» (Génesis 24:12,14).

Un gesto simple. Una respuesta generosa. El futuro de una mujer joven alterado en un breve tiempo. El personaje al que Rebeca encontró en el pozo, siervo de Abraham, se había embarcado en una misión sagrada: encontrar una esposa para Isaac entre el pueblo de Abraham, en vez de encontrarla entre los cananeos que los rodeaban. Como su tía abuela, Sara, lo hizo antes, Rebeca emprendería un viaje al sur para abrazar un futuro que difícilmente podía vislumbrar. Prometida a un hombre que la doblaba en edad, cuyo nombre significa «risa», sintió que un aturdimiento repentino surgió dentro de sí. El Dios de Abraham y Sara estaba cortejándola, llamando su nombre y no otro, ofreciéndole participación en la promesa. Dios estaba forjando una nueva nación para que fuera su pueblo.

Isaac tenía cuarenta años cuando vio por primera vez los ojos de Rebeca. Tal vez su corazón imitó el gozo del primer hombre: «Ésta sí es hueso de mis huesos y carne de mi carne» (Génesis 2:23). Así que ellos entraron a la carpa de su madre e hicieron el amor. La Biblia dice que Rebeca consoló a Isaac de la muerte de su madre.

Rebeca era bella y fuerte como Sara; sin embargo, durante sus primeros años con su esposo, no tuvo hijos. ¿Sufriría ella como Sara la maldición de la esterilidad? Isaac oró y Dios lo oyó, dándole a Rebeca no uno sino dos hijos que se peleaban en su vientre. Y Dios le dijo: «Dos naciones hay en tu seno; dos pueblos se dividen desde tus entrañas. Uno será más fuerte que el otro, y el mayor servirá al menor» (Génesis 25:23).

Durante el parto, Jacob se agarraba del talón de su hermano Esaú, como si se estuviera esforzando por salir primero. Aunque fue el segundo en nacer, fue el primero en los afectos de su madre. Pero su padre amaba más a Esaú.

Años después, cuando Isaac era viejo y casi ciego, mandó llamar a su hijo mayor: «Toma, pues, tus armas, tu arco y tus flechas, y ve al campo a cazarme algún animal … entonces te bendeciré antes de que muera» (Génesis 27:3-4).

Pero la inteligente Rebeca escuchó y llamó rápidamente a Jacob, sugiriéndole una trampa para ganarse la bendición de Isaac. Disfrazado de Esaú, Jacob se presentó ante su padre por la muy codiciada bendición.

Entonces Isaac bendijo a Jacob, pensando que estaba bendiciendo a Esaú: «Que te sirvan los pueblos; que ante ti se inclinen las naciones. Que seas señor de tus hermanos; que ante ti se inclinen los hijos de tu madre. Maldito sea el que te maldiga, y bendito el que te bendiga» (Génesis 27:29).

Isaac extendió su mano y pasó la bendición más escogida a su hijo menor, recordando de esta forma las palabras habladas sobre los dos hijos luchando en el seno de Rebeca. Así, la bendición no podía ser removida, a pesar del engaño, a pesar de las lágrimas de Esaú, y a pesar de su voto para matar a Jacob.

Con miedo de que Esaú buscara venganza, Rebeca persuadió a Isaac de enviar a Jacob al norte, a buscar una esposa entre las hijas de su hermano Labán.

Mientras pasaban los años, Rebeca debió haber esperado mucho por abrazar a su hijo menor. Pero pasarían más de veinte años antes que Jacob regresara. Y aunque Isaac viviría para dar la bienvenida a su hijo, Rebeca no.

Cuando Rebeca era joven, Dios la había invitado a jugar un papel vital en la historia de su pueblo. Él había recorrido una gran distancia por ir a buscarla. Como Sara, Rebeca llegaría a ser una matriarca del pueblo de Dios; y como Sara, su corazón se dividiría entre la fe y la duda, creyendo que la promesa de Dios requería su intervención. Hallando difícil descansar en la promesa que Dios le había hecho, recurrió a la trampa para alcanzarla.

Los resultados, reflejando su propio corazón, estaban mezclados. Aunque Jacob, en efecto, llegó a ser el heredero de la promesa, fue separado de su casa y de la madre que tanto lo había amado. Además, él y sus descendientes estarían por siempre enfrentados con Esaú y su pueblo, los edomitas. Dos mil años después, Herodes el Grande, que provenía de la Idumea (el nombre griego y romano de Edom), asesinaría muchos bebés inocentes en su intento por destruir al niño Jesús.

Sin embargo, Dios todavía estaba obrando, usando buenamente a una mujer cuya respuesta ante él fue menos que perfecta para cumplir sus propósitos.

Su vida y época

Joyas

«Yo le puse un anillo en la nariz y pulseras en los brazos ... Luego sacó joyas de oro y de plata, y vestidos, y se los dio a Rebeca» (Génesis 24:47,53).

¡Un anillo en la nariz! Tomado a menudo como una señal de rebeldía de la juventud actual, un anillo en la nariz era una forma aceptable de ornamento en los tiempos antiguos. Cuando el siervo de Abraham se dio cuenta que Rebeca era la mujer con la cual Isaac habría de casarse, sacó inmediatamente las joyas que había traído en su camino para esta ocasión. Le dio dos pulseras de oro y un anillo de oro para la nariz. Rebeca se puso rápidamente las joyas, y corrió a casa, con los ojos resplandecientes, para contarle a su familia lo que había ocurrido.

Un anillo en la nariz solo se menciona en otras dos ocasiones en la Escritura: en Proverbios 1 y en Ezequiel 16. En Ezequiel 16 Dios está describiendo, en términos alegóricos, cuánto ama la ciudad de Jerusalén. Amorosamente la baña. Luego la viste con ropas maravillosamente costosas y suaves sandalias de cuero. Luego, tiernamente la adorna con joyas: «Te puse pulseras, collares, un anillo en la nariz y una hermosa corona en la cabeza. Quedaste adornada de oro y plata» (Ezequiel 16:11-13).

El Antiguo Testamento menciona las joyas y la joyería en numerosas ocasiones. Tanto las mujeres como los hombres utilizaban aretes (Éxodo 32:2). También usaban comúnmente «brazaletes, cadenas, sortijas, pendientes y collares» (Números 31:50). Los israelitas tomaban la mayor parte de sus alhajas de los otros cuando estaban en guerra; oro, plata y piedras preciosas a menudo se enumeran entre el botín tomado durante una invasión. De acuerdo con 2 Samuel 8:11, David ganó una enorme cantidad de oro, plata y bronce cuando conquistó las naciones que rodeaban a Israel. Él lo dedicó todo al Señor, y su hijo Salomón lo usó para construir el fabuloso templo en Jerusalén. Lo creas o no, Salomón tenía tanto oro en su reino que «hizo que la plata y el oro fueran en Jerusalén tan comunes como las piedras» (2 Crónicas 1:15).

En la Nueva Versión Internacional, la palabra griega para varios de los adornos femeninos se traduce como «joyas», solamente una vez. Al hablar a las esposas, Pedro las insta a poner más atención a su belleza interior que a su belleza exterior: «Que la belleza de ustedes no sea la externa, que consiste en adornos tales como peinados ostentosos, joyas de oro y vestidos lujosos. Que su belleza sea más bien la incorruptible, la que procede de lo íntimo del corazón y consiste en un espíritu suave y apacible. Ésta sí que tiene mucho valor delante de Dios» (1 Pedro 3:3-4). Evidentemente, las mujeres de la época del Nuevo Testamento estaban tan fascinadas con las joyas como las mujeres en la época del Antiguo... y como las mujeres de la nuestra. ¡Qué tan fácil y común es mirar en el espejo para confirmar nuestra apariencia exterior, pero qué tan extraño es para la mayoría de nosotras pasar tanto o más tiempo examinando nuestra apariencia interior!

Mañana, temprano, cuando te pongas los anillos en tus dedos, también ponte un «espíritu de paz». Cuando te pongas los aretes en tus oídos, póntelos con una actitud alegre. Cuando te asegures la cadena alrededor del cuello, abróchate un «espíritu dulce» en tu corazón también. Las joyas que luces no hará mucha diferencia en tu día, pero el espíritu que vistes sí lo hará.

Su legado en la Escritura

Lee Génesis 24:15-27

1. ¿Qué te dice esta primera información acerca de la joven Rebeca, de su apariencia y de su carácter?

2. ¿En qué te pareces a Rebeca? ¿En qué te diferencias de ella?

Lee Génesis 24:28-50

3. En estos versículos, el siervo de Abraham le dice a la familia de Rebeca cómo la conoció, enfatizando la bendición del Señor y cómo se involucró Dios en todo esto. ¿Cómo respondió la familia de Rebeca?

Lee Génesis 24:51-58

4. Tres palabras simples, en el versículo 58, cambiaron la vida de Rebeca para siempre. ¿Como quién era ella en su buena voluntad para ir donde nunca había ido antes?

5. ¿Cómo reaccionarías si Dios te llamara lejos de tu hogar y de tu familia? ¿Qué tendría que pasar para hacerte obedecer?

Lee Génesis 24:67

6. Estas palabras son unas de las más dulces sobre el matrimonio encontradas en la Biblia. En

tus propias palabras, ¿describe cómo crees que fue el matrimonio de Jacob y Rebeca en aquella lejana época?

Lee Génesis 25:28

7. Estas son algunas de las palabras más tristes sobre el oficio de ser padres en la Biblia. Describe cómo crees que el favoritismo de Isaac y Rebeca afectó a Jacob, a Esaú y a su relación.

8. Muchos niños crecen creyendo que sus padres tiene uno u otro hermano favorito. Si tienes hijos, ¿cómo puedes evitar esa clase de pensamientos en ellos?

Lee Génesis 27:1 – 28:9

9. ¿Por qué piensas que Rebeca recurrió a la trampa para ganar la promesa cuando estaba embarazada?

10. Describe cómo crees que Rebeca se pudo haber sentido diez años después. ¿Crees que lamentaba sus acciones?

11. ¿Cómo se asemejan las acciones de Rebeca con las de su suegra Sara?

12. La historia de Rebeca es rica y llena de color. Resume en una frase, lo que te gustaría aprender de su vida.

Su promesa

Rebeca oyó al siervo de Abraham describir cómo había orado y cómo estaba seguro de que ella era la mujer que Dios pretendía para Isaac. Dios había orquestado divinamente los eventos. Rebeca parece saber esto y, cuando le preguntaron si se quería ir, simplemente respondió: «Sí».

¿Entendía Rebeca en realidad el plan de Dios para su vida? ¿Estaba dispuesta a seguir ese plan? ¿O estaba simplemente fascinada con las nociones románticas de una niña joven, buscando su caballero de armadura resplandeciente? Cualquiera que fuera su motivación, las circunstancias *fueron* planeadas por Dios, y él estaba dispuesto y en capacidad de continuar fielmente cumpliendo sus promesas a través de ella.

La fidelidad de Dios, a pesar de nuestra indocilidad y contrariedad, es evidente tanto a través de toda la Escritura como de toda nuestra vida. Él será fiel; él lo promete.

Promesas en la Escritura

«Reconoce, por tanto, que el Señor tu Dios es el Dios verdadero, el Dios fiel, que cumple su pacto generación tras generación, y muestra su fiel amor a quienes lo aman y obedecen sus mandamientos»

(Deuteronomio 7:9).

«Fiel es el Señor a su palabra y bondadoso en todas sus obras»

(Salmos 145:13).

«Mantengamos firme la esperanza que profesamos, porque fiel es el que hizo la promesa»

(Hebreos 10:23).

Su legado de oración

«*Hermana nuestra: ¡que seas madre de millares! ¡Que domi-
nen tus descendientes las ciudades de tus enemigos*»
(Génesis 24:60)

Reflexiona sobre: Génesis 27.

Alaba a Dios: porque a diferencia de Isaac, que tenía solo una bendición para dar a sus
hijos, él tiene bendiciones únicamente diseñadas para cada uno de nosotros.

Da gracias: porque Dios no espera hasta que sea-
mos perfectos para involucrarnos en
sus planes.

Confiesa: tu tendencia a intentar controlar el
futuro en vez de confiar en Dios para
que le de forma, de acuerdo con su
cronograma.

Pídele a Dios: que te proteja de tener favoritos entre tus hijos, y que te dé confianza en
que él tiene un plan generoso para
cada uno.

Levanta tu corazón

Tómate unos minutos esta semana para escribir
una tarjeta de bendición para cada uno de tus hijos. Usa
una tarjeta de ficha bibliográfica simple o decora la tar-

jeta con adhesivos, estampados o dibujos de líneas (si no tienes hijos, puedes hacer esto para una sobrina, sobrino u otro niño especial en tu vida).

Empieza orando por cada niño, pidiendo la bendición de Dios sobre sus vidas. Después, escribe las bendiciones que sientas que Dios quiere para ellos. Guarda las tarjetas de bendición debajo de sus almohadas o ubícalas cerca de sus comedores. Diles que estas son algunas de las formas en las que le estás pidiendo a Dios que los bendiga. Asegúrate de guardar una copia de cada tarjeta para ti, de manera que puedas hacer de esas bendiciones un tema de oración frecuente.

Señor, tú nos das el poder de bendecir a nuestros hijos, a través de nuestro ejemplo, de nuestra enseñanza y de nuestras oraciones. Que la fe de nuestros hijos sobrepase la nuestra. Que en todas sus luchas, puedan sentir tu cercanía y que su alegría sea renovada cada mañana. Que cada uno de ellos llegue a ser la clase de persona que atrae a otros a ti. Oro esto en el nombre de Jesús, Amén.

Raquel

Su carácter: manipulada por su padre, tenía poco que decir acerca de las circunstancias de su propia vida y de sus relaciones. En vez de tratar con creatividad una situación difícil, se comportó como una víctima perpetua; respondiendo al pecado con aun más pecado, haciendo las cosas peores por competir con sus hermanas y engañando a su padre como retribución.

Su tragedia: que su gran anhelo por tener hijos la llevó finalmente a su muerte en el momento de dar a luz.

Su alegría: que su esposo la estimaba y haría cualquier cosa que estuviera a su alcance para hacerla feliz.

Escrituras clave: Génesis 29-35; Jeremías 31:15; Mateo 2:18

Su historia

¿Qué es mejor, tener amor y no tener hijos o no ser amada y sin embargo ser la madre de una casa llena de hijos? La pregunta golpeaba a Raquel como un fuerte viento azotando la misma puerta vez tras vez.

Lea acababa de tener su cuarto hijo, Judá. En su alegría, había exclamado: «Alabaré al Señor». Su primer hijo, Rubén, significaba: «miren, un hijo»; Simeón: «el que oye»; y Leví: «unir», ¡como si Jacob pudiera estar alguna vez atado a su fea esposa! Raquel estaba enferma de muerte y con este hábito que tenía su hermana de llamar a sus hijos de manera que enfatizara su esterilidad.

Lea se convirtió en la esposa de Jacob a través de las tretas de su padre, pero Raquel había capturado su amor desde su primer encuentro en el pozo, a las afueras de Jarán. Cada caricia le comunicaba su favor. Sin embargo, ese favor no posibilitó que tuvieran hijos, mas sí que se deleitaran. Raquel debió ser su primera, su única esposa, tal y como la tía Rebeca fue la única esposa del tío Isaac.

El padre de Raquel, Labán, la había prometido a su sobrino Jacob con la condición que trabajara para él durante siete años. Siete años era un largo tiempo para esperar por una esposa; sin embargo, Jacob lo consideró un buen trato. Y eso hizo que Raquel lo amara aun más.

Pero en cuanto el día de la boda se aproximaba, Labán planeó una estratagema para ganar siete años más de trabajo por parte de Jacob. El día de felicidad de Raquel se disolvió en el momento en que Labán ordenó a su hermana mayor, Lea, disfrazarse con el vestido de novia de Raquel.

Después que la oscuridad había caído, llevó a Lea, con un velo, a la carpa de Jacob, y los dos durmieron juntos como un hombre con su esposa. En cuanto la primera luz cruzó el piso de la carpa, Jacob deseó de nuevo a Raquel, solo para descubrir que era Lea la que estaba a su lado. La trampa de Labán lo hirió. Esto iba más allá de lo increíble. Aún así, a pesar de las recriminaciones y las lágrimas, el matrimonio no se podía disolver.

Pero Raquel se sentía desecha, su bendición se la había quitado por asalto. El enrollado plan de Labán, sin embargo, aún no se había desenrollado completamente. Él propuso otro trato, dándole Raquel a Jacob a la semana siguiente en intercambio por otros siete años de trabajo. Así que, desde entonces, las dos hermanas vivieron desapaciblemente juntas; los hijos de Lea eran un rechinante recordatorio que Raquel, la segunda esposa, aún estaba engañada.

«¡Dame hijos! Si no me los das ¡me muero!» (Génesis 30:1), le gritó Raquel a Jacob un día, como si él pudiera tomar el lugar de Dios y quitarle la esterilidad. Así que ella le dio a Bilhá, su criada, que concibió y dio a luz dos hijos. Cuando Neftalí, el segundo hijo, nació, Raquel proclamó a quien quisiera escucharla: «He tenido una lucha muy grande con mi hermana, pero he vencido» (Génesis 30:8). Pero el enfrentamiento entre Lea y Raquel estaba lejos de terminar.

La amargura de Raquel de nuevo cesó cuando tuvo un hijo al cual llamo José, que significa: «Que él añada»; una oración profética de que Dios añadiría un hijo más a su linaje.

Luego Dios le habló a Jacob, diciéndole que retornara a la tierra de Isaac, su padre. Más de veinte años atrás, Jacob se había apoderado de la bendición de Esaú, y después había huido de su ira asesina. ¿Le habrían pagado estos largos años el doble en retribución? ¿Las trampas de Labán y la disputa entre Raquel y Lea le habrían recordado sus luchas con su hermano? ¿Podría Dios —y Esaú— llamar a esto justo? Solo el Señor podía protegerlo en este asunto con su hermano.

En tanto que Jacob juntaba sus rebaños, sus siervos y sus hijos, preparándose para partir, Raquel le robó a sus padres los dioses familiares; pequeños ídolos de los cuales se pensaba que aseguraban la prosperidad. Después de diez días de camino, Labán los alcanzó en el terreno montañoso de Galaad, acusando a su yerno de robo. Sin saber del engaño de Raquel, Jacob invitó a Labán a revisar el campamento, prometiendo matar a quien descubriera los ídolos.

Habiendo aprendido varios trucos de su mañoso padre, Raquel puso los ídolos en una silla de montar y luego se sentó sobre ellos. Cuando Labán entró a su carpa, ella lo saludó con una artimaña de mujeres, diciéndole: «Por favor, no se enoje mi padre si no puedo levantarme ante usted, pero es que estoy en mi período de menstruación» (Génesis 31:35). Su truco funcionó, tanto como el de Jacob cuando engañó a su propio padre; y Labán finalmente desistió de la búsqueda. Después, Jacob se aseguró que todos los ídolos fueran sacados de su casa.

En cuanto hacían su travesía por el desierto, Jacob se encontró con su hermano Esaú, y los dos se reconciliaron. Pero la tragedia pronto los alcanzó cuando Raquel luchó para dar a luz a su segundo hijo; la respuesta a sus muchas oraciones. Irónicamente, la mujer que había dicho en alguna ocasión que moriría a menos que tuviera hijos, ahora estaba muriendo en el alumbramiento. Las últimas palabras de Raquel, llamando a su recién nacido, «Benoní» (Génesis 35:18), hijo de mi aflicción, permiten ver su angustia en su alumbramiento.

Pero Jacob tomó al niño en sus manos y, con ternura de padre, lo renombró Benjamín: «hijo de mi mano derecha».

Como su esposo, la bella Raquel fue tanto una hacedora de trampas como una víctima de las mismas. Habiendo sido engañada por su padre, vio a sus hijos como armas en la batalla contra su hermana. Como pasa muy a menudo, las lecciones de la trampa y de la competencia pasaron de generación en generación. El hijo de Raquel, José, sufriría dolorosamente como resultado de ser vendido en esclavitud por sus medios hermanos, los hijos de Lea.

Sin embargo, Dios permaneció fiel. A través de una memorable lista de hechos entrelazados, el José de Raquel gobernaría un día Egipto, proveyendo refugio para su padre y hermanos en medio de una hambruna. Paso a paso, en caminos imposibles de predecir, el plan de Dios se iba desenvolviendo: un plan para curar las divisiones, poner fin a las disputas y restaurar la esperanza. Utilizando personas con diferentes intenciones y con deseos confusos (la única clase de gente que existe), estaba revelando su gracia y misericordia, pero nunca, ni una vez, olvidando su promesa.

Su vida y época

Ciclos menstruales

«Entonces Raquel le dijo a su padre: —Por favor, no se enoje mi padre si no puedo levantarme ante usted, pero es que estoy en mi período de menstruación. Labán buscó los ídolos pero no logró encontrarlos» (Génesis 31:35).

Las palabras aquí mencionadas por Raquel son la única mención en la Escritura de un típico ciclo menstrual diferente a las leyes ceremoniales respecto a la menstruación en Levítico y a las que de nuevo se refiere Ezequiel.

Raquel sabía, sin lugar a dudas, que su plan disuadiría exitosamente a su padre. Al afirmar que tenía su período, no solo retuvo los falsos dioses que había robado, sino que retuvo su vida, puesto que Jacob había prometido matar a quien hubiera robado esos ídolos.

Durante la época en que una mujer hebrea tenía su período era considerada «impura», lo cual no es realmente sorprendente, considerando la naturaleza deseada de un flujo menstrual, especialmente en esos días, mucho tiempo antes de la invención de productos sanitarios femeninos. Pero las leyes eran más rigurosas que solo cubrir la misma naturaleza personal de un período menstrual. Quienes tocaran una mujer, en ese momento, aunque fuera por azar, quedarían impuros hasta la noche. Donde sea que la mujer durmiera o se sentara, quedaba impuro. Cualquiera que tocara su cama o su silla era considerado impuro hasta que lavara sus ropas, se bañara y esperara hasta el anochecer.

Una mujer se consideraba impura por siete días, el lapso normal del período menstrual de una mujer. Luego, como era costumbre, se bañaba para limpiarse. Este es probablemente el baño que Betsabé estaba tomando cuando fue observada por el Rey David (cf. 2 Samuel 11:2-4). Como ella acaba de tener su período, David podía estar seguro que el niño de Betsabé era suyo cuando le dijo que estaba embarazada (su esposo era un soldado que estaba lejos, en la guerra).

El flujo natural del período de una mujer no requería sacrificios para ser limpiado, solamente bañarse y esperar que el tiempo prescrito se cumpliera. Un flujo más largo, menos natural, causado usualmente por alguna infección o enfermedad, requería un sacrifico para que la mujer quedara limpia. Tampoco implicaba alguna falta mortal por parte de la mujer pero, como la sangre se veía como fuente de vida, cualquier cosa alrededor de esta llegaba a ser parte importante de las leyes ceremoniales.

Muchas mujeres consideran su período mensual, y la inconfortabilidad e irritabilidad que a menudo se asocian, una prueba mensual: algo con lo cual deben cargar, y de lo cual los hombres, criaturas afortunadas, están exentos. Sin embargo, es solamente a través de esta función particular del cuerpo que una mujer puede ser fértil y quedar embarazada. Aunque en ocasiones sea sucio, otras incómodo, y también completamente doloroso, solamente a través de este proceso tiene la mujer una oportunidad no disponible para el hombre: la de producir una nueva vida. Y al ser las cosas de este modo, está únicamente ligada al Creador de toda la vida.

Su legado en la Escritura

Lee Génesis 29:30

1. ¿Cómo crees que la mayoría de mujeres responderían a la situación en la que Raquel se encontró? ¿Con amor y afecto por su hermana no amada? ¿O con un espíritu de superioridad y orgullo?

Lee Génesis 30:1

2. La agonía aquí expresada por las palabras de Raquel es una que experimentan muchas mujeres a lo largo de los siglos ¿Cómo incrementó el dolor de Raquel su cercana relación con Lea? ¿Hay alguna forma en que su relación pudiera haber menguado su dolor?

Compara Génesis 29:30–31 con 30:1

3. Estas dos hermanas tenían algo que la otra quería. ¿Qué tenía Raquel que Lea quisiera? ¿Qué tenía Lea que Raquel quisiera?

4. La inconformidad es un asunto capcioso, atrapándonos en pensamientos como: «Lo que antiguamente fue suficiente, ya no lo es más» y «lo que antiguamente fue satisfactorio, ya no lo es más». ¿Sientes siempre inconformidad porque «no lo tienes todo»? ¿Qué puedes hacer para resistir esos sentimientos?

Lee Génesis 31:19,30–34

5.   ¿Por qué tendría Raquel esos ídolos? ¿Por qué crees que los escondió de su padre?

6.   ¿Cuándo has estado en una situación que te hiciera mentir o hacer trampa para protegerte o para proteger a alguien más? Descríbela ¿Qué podrías o deberías haber hecho de manera diferente?

Lee Génesis 35:16-20

7.   Dado el hecho de que iban de viaje, describe con tus palabras la situación en la que probablemente Raquel dio a luz.

8.   Es una de las paradojas de la vida, revelada aquí, en la trágica historia de la muerte de Raquel; que a menudo, cuando más queremos algo en la vida, solo podemos ganarlo entregando otra cosa igualmente importante. ¿Puedes pensar en una instancia de tu vida en la cual ganar algo que querías requirió entregar otra cosa diferente?

9.   Jacob renombró a su nuevo hijo, Benjamín, que significa: «hijo de mi mano derecha». ¿Qué revela este nuevo nombre con respecto a la esperanza de Jacob para el futuro?

Su promesa

Génesis 30:22, dice: «Dios también se acordó de Raquel; la escuchó y le quitó la esterilidad». Dios *se acordó* de Raquel; pero la realidad es que nunca la había olvidado. Cuando la Biblia usa la palabra *acordar*, no significa que Dios olvida y luego, repentinamente, lo recuerda. Como si el Dios del universo, Todopoderoso y Omnisciente, golpeara repentinamente su frente con el borde de su mano y dijera: «¡Ay, me olvidé de Raquel. Mejor hago algo pronto!».

No, cuando la Biblia dice que Dios recuerda algo, expresa el amor y la compasión por su pueblo. Nos recuerda que las promesas de Dios nunca nos abandonan o nos dejan sin apoyo o alivio. Él nunca nos abandonará, nunca nos olvidará; siempre se *acordará* de nosotros.

Promesas en la Escritura

«*Pero Dios también se acordó de Raquel; la escuchó y le quitó la esterilidad*»

(Génesis 30:22).

«*Acuérdate, Señor, de tu ternura y gran amor, que siempre me has mostrado*»

(Salmos 25:6).

«*Tú comprendes, Señor; ¡acuérdate de mí, y cuídame!*»

(Jeremías 15:15).

«*El Poderoso ha hecho grandes cosas por mí. ¡Santo es su nombre!*»

(Lucas 1:49).

Su legado de oración

«*Pero Dios también se acordó de Raquel; la escuchó y le quitó la esterilidad*»

(Génesis 30:22).

Reflexiona sobre: Génesis 30:1-24.

Alaba a Dios: porque nunca se olvida de nosotros ni por un instante. Está presente y atento, pendiente de nuestros más profundos deseos, aun cuando aseguremos que nos ha perdido el rastro.

Da gracias: porque únicamente Dios es el Creador. Porque por él toda vida humana es sagrada.

Confiesa: que a veces usamos a nuestros hijos, nuestros esposos, nuestros hogares o incluso el tamaño de nuestros cheques de pago para competir con otras mujeres.

Pídele a Dios: que te ayude a hacer amistades profundas y verdaderas con otras mujeres, de manera que puedas conocer la alegría que viene de ser hermanas en Cristo.

Levanta tu corazón

Piensa en una mujer a la que te gustaría conocer mejor en los próximos meses. Luego, hazle una llamada telefónica y agenda una cita para almorzar, o invítala a una obra de teatro, película o concierto. Asegúrate de sacar un poco de tiempo para charlar de manera que puedan empezar a construir una relación. Un experto dice que toma en promedio tres años formar una amistad sólida. ¡No pierdas otro instante!

Padre, perdóname por hacer que mi identidad descanse en qué clase de esposa o madre soy o en qué clase de trabajo tengo. No quiero ver a las otras mujeres como mis rivales, sino como amigas potenciales, incluso como almas gemelas. Por favor, llévame a las amistades que deseo y ayúdame a ser paciente en el proceso. Oro en el nombre de Jesús, Amén.

Lea

Su carácter:	capaz de amar fuerte y perdurablemente, fue una madre y esposa fiel. Manipulada por su padre, llegó a volverse celosa de su propia hermana, con la que, parece, nunca se reconcilió.
Su lamento:	que le faltaba la belleza de su hermana y que su amor por su esposo era unilateral.
Su alegría:	que le dio seis hijos a Jacob y una hija.
Escrituras clave:	Génesis 29-35; Rut 4:11.

Su historia

Enterramos hoy a mi hermana Raquel. Pero ella aún esta viva. Puedo ver partes de ella en el corazón roto de Jacob, en los ojos oscuros de José y en los lloriqueos de Benjamín, los hijos favoritos de Jacob. Los hijos de Raquel. Puedo oír a mi hermosa y determinada hermana llorando fuertemente por los hijos que debía haber tenido, rehusándose tercamente a ser consolada. Sin embargo, ¿quién se fija en mis lágrimas? Así llenaran el desierto, nadie lo notaría.

Rubén, Simeón, Leví, Judá, Isacar, Zabulón, Dina y luego Gad y Aser por mi criada. Estos son los hijos de Dios, los que me ha permitido darle a mi amado Jacob. Y con todo, él la ama más a ella. Si mi esposo y yo viviéramos otros cien años, nunca sería su única esposa.

Contrario a lo que Lea pudo haber sentido, Dios *había* tomado nota de su lamento. Sabiendo bien que el corazón de Jacob era un espacio muy reducido para abrigar tanto a Raquel como a Lea, Dios hizo a Lea madre, no una vez, sino siete veces, extendiendo su influencia en la casa de Jacob.

Con el nacimiento de cada niño, la infeliz Lea esperaba asegurar el afecto de su esposo. Pero cada vez su desencanto crecía más. Sentía la vieja maldición que aseveraba: «Desearás a tu marido, y él te dominará» (Génesis 3:16).

Tal vez Jacob aún estaba resentido con Lea por la artimaña en su noche de bodas, cuando se disfrazó de su amada Raquel. Seguramente su amor fue tan apasionado como para engañarlo hasta la mañana. Ella se sentía tan feliz como culpable por su parte en las cosas; aunque, justo sea decirlo, tenía pocas opciones, además de obedecer a su padre, Labán, en este asunto. Y le agradeció a Dios cada día por darle la posibilidad de tener los hijos de Jacob. Sin embargo, éstos a menudo le causan a una madre un dolor no manifiesto.

Dina, su única hija, fue violada por un príncipe local en el retorno de la familia a la tierra de Jacob. Difícilmente sabía Lea cómo consolarla. Para hacer peores las cosas, sus hijos, Leví y Simeón, vengaron a su hermana al asesinar salvajemente toda la gente de un pueblo. Luego Rubén, se deshonró a sí cuando durmió con la concubina de su padre, Bilhá.

¿Acaso no había prometido Dios protegerlos si retornaban a esta tierra prometida? ¿Cómo, entonces, podían ocurrir tales cosas?, se preguntaba Lea. Es verdad, Dios había cuidado de ellos cuando se estaban acercando a Esaú y a sus cuatrocientos hombres. Pero la alegría de Lea por la amistosa reunión de los hermanos fue eclipsada por su lamento de sentirse una vez más la esposa menos amada. Jacob lo había dejado lo suficientemente claro al colocar a Raquel y a sus hijos de últimos en su larga caravana, dándoles mejores posibilidades de escapar en caso de que Esaú se mostrara violento.

Pero el amor de Jacob no pudo prevenir que Raquel muriera en el alumbramiento. Lea, no Raquel, estaba destinada a ser su primera y última esposa. Al lado de su esposo, el padre de Israel, ella sería venerada como la madre de Israel. De hecho, la promesa de un Salvador fue cumplida no a través del José de Raquel sino a través del Judá de Lea, cuyos descendientes incluyen a David, el gran Rey de Israel; y a Jesús, el tan anhelado Mesías. Al final de su vida, Jacob descansó en la cueva de Macpela, junto a su primera esposa, Lea, en vez de junto a su esposa favorita, Raquel, que fue enterrada en alguna parte cercana a Efrata.

Las dos hermanas, Raquel y Lea, nos recuerdan que la vida está llena de dolor y peligro, causados, en gran parte, por el pecado y el egoísmo. Las dos mujeres sufrieron —cada una de forma particular— la maldición de Eva, después de ser expulsada del Paraíso. Mientras Raquel experimentaba gran dolor, al dar a luz a sus hijos, Lea experimentaba la angustia de amar a un hombre que parecía le era indiferente. Sin embargo, ambas llegaron a ser madres en Israel, dejando su tierra para jugar papeles esenciales en la historia del gran plan de Dios para su pueblo.

Su vida y época

Usos matrimoniales

Las costumbres en los matrimonios eran muy diferentes en los antiguos tiempos bíblicos de lo que son nuestras costumbres modernas. Rara vez se casaba un hombre o una mujer por amor. Jacob es una excepción notable cuando expresa su amor por Raquel y su deseo de que se case con él. Jacob se casó con ambas: con Raquel y su hermana Lea; una práctica que después se prohibió por la Ley (cf. Levítico 18:18).

Usualmente, la novia y el novio eran muy jóvenes cuando se casaban. La novia estaba, a menudo, alrededor de los doce y el novio alrededor de los trece años. Su matrimonio era arreglado por los padres, y el consentimiento de la pareja no era ni solicitado ni requerido. Aun así, tales matrimonios podían resultar ser encuentros de amor, como aquel entre Isaac y Rebeca (cf. Génesis 24:67). Para los tiempos del Nuevo Testamento, la ceremonia matrimonial, propiamente dicha, era usualmente muy corta, pero las fiestas conectadas con esta podían durar varios días. El novio se vestía de ropas pintorescas y emprendía el camino con sus amigos, invitados y músicos, a la casa de los padres de la novia, justo antes de la puesta de sol. Ahí, la novia estaría esperando, bañada y perfumada, adornada con un vestido elaborado y con joyas. La novia y el novio, entonces, guiaban la procesión matrimonial a través de las calles de la villa, acompañados por los músicos y las personas que cargaban las antorchas, a la casa de los padres del novio. La fiesta y la celebración comenzaban esa noche, y solían continuar por siete días.

El diseño de Dios para que el matrimonio sea entre un esposo y una esposa no se practicaba usualmente en los tiempos bíblicos tempranos. Lea compartió a su esposo Jacob no solo con su hermana Raquel, sino con sus criadas, Zilpá y Bilhá. Aunque la poligamia era menos común después del Éxodo de Egipto, Gedeón tuvo varias esposas (cf. Jueces 8:30) y, por supuesto, Salomón muchas más (1 Reyes 11:3). Pero, como indica el Nuevo Testamento, la unión entre un esposo y una esposa continúa siendo el deseo y el diseño de Dios (cf. 1 Timoteo 3:2; Tito 1:6).

Su legado en la Escritura

Lee Génesis 29:30

1.   Selecciona una palabra que describa mejor cómo se sintió Lea acerca del matrimonio con Jacob.

2.   Muchas mujeres de hoy tienen maridos que aman más otras cosas que a su esposa: su trabajo, su posición, su dinero, los deportes. Muchas cosas diferentes a otra mujer pueden poner a una esposa en la situación de Lea. Si conoces a alguien que sea una «Lea», ora a diario por ella y anímala cuando tengas la oportunidad.

Lee Génesis 29:31

3.   Lea es un ejemplo sin par sobre la voluntad de Dios para dar «una corona en vez de cenizas» (Isaías 61:1-3). ¿Cómo ha trabajado de esta manera Dios en tu vida? ¿Cómo ha trabajado de esta manera en las vidas de tus amigos o familiares?

Lee Génesis 29:32-34

4.   En cada uno de estos versículos, Lea expresa su deseo de tener el afecto de Jacob; un afecto que, sabía, no poseía. En tus palabras, describe cómo probablemente se sentía y cómo actuaba

Lea en relación a Jacob. ¿Cuál crees que era la reacción de Jacob?

5. ¿Te has sentido alguna vez no amada por tu marido, tus padres o alguien más? ¿Cómo te sentiste y actuaste? ¿Cuál es tu única posible fuente de consuelo cuando desesperadamente quieres amor y no lo obtienes?

Lee Génesis 49:29-31

6. Jacob fue enterrado junto a la esposa que menos amaba, en vez de quedar junto a la que más. ¿Qué dice esto sobre la posición de Lea no solo como esposa, sino como madre de los israelitas?

7. Aunque Lea, por supuesto, no sabía de la posición que se le otorgó en su muerte, ¿qué continúan revelando estos versículos respecto a la forma en que Dios se involucró en su vida?

8. Lea tuvo una vida completa, con muchos hijos y riquezas. Sin embargo, es más conocida por lo que no tuvo: el amor de su esposo. Dios notó qué tenía, pero también qué le faltaba. ¿Qué cosa en particular quieres aprender de Lea y de su Dios?

JUEVES

Su promesa

«Cuando el Señor vio que Lea no era amada, le concedió hijos» (Génesis 29:31). El Señor *notó* su miseria. El Dios de Abraham, Isaac y Jacob (el esposo de Lea) bajó la mirada y vio una mujer que estaba sola y triste porque su marido amaba más a su otra esposa. Así, para aliviar su dolor, para darle consuelo, Dios le dio hijos. Hijos fuertes, bellos, rectos; uno de los cuales fundaría el linaje de los sacerdotes de Israel, y otro que fue ancestro del mismo Jesús.

Este mismo Dios de Abraham, Isaac, Jacob y Lea es nuestro Dios. El ve nuestras miserias, no importa qué tan pequeñas o grandes sean. Él conoce nuestras circunstancias, sentimientos y heridas. Y, tal como en la vida de Lea, está dispuesto a intervenir y crear algo bello en y a través de nosotros.

Promesas en la Escritura

«(Dios) me ha enviado a sanar los corazones heridos, a proclamar liberación a los cautivos y libertad a los prisioneros ... y a confortar a los dolientes de Sión. Me ha enviado a darles una corona en vez de cenizas, aceite de alegría en vez de luto, traje de fiesta en vez de espíritu de desaliento»

(Isaías 61:1-3 énfasis añadido).

«Convertiré su duelo en gozo, y los consolaré; transformaré su dolor en alegría»

(Jeremías 31:13).

Su legado de oración

«*Cuando el Señor vio que Lea no era amada, le concedió hijos. Mientras tanto, Raquel permaneció estéril. Lea quedó embarazada y dio a luz un hijo, al que llamó Rubén, porque dijo: "El Señor ha visto mi aflicción; ahora sí me amará mi esposo"*»

(Génesis 29:31-32).

Reflexiona sobre: Génesis 29:16-31.

Alaba a Dios: porque, aunque los seres humanos a menudo juzgan por las apariencias externas, Dios siempre ve el corazón y juzga de acuerdo a eso.

Da gracias: porque a Dios lo conmueve nuestro lamento.

Confiesa: tu tendencia a compararte con otras mujeres, juzgándolas y juzgándote únicamente por apariencias.

Pídele a Dios: que te capacite para basar tu identidad en tu relación con él, en vez de hacerlo por lo que ves en el espejo.

Levanta tu corazón

Toma cinco minutos al día esta semana para hacerte un halago de acción de gracias a Dios por hacerte la mujer que eres. Trae a la mente todo lo que te gusta de ti: tu raro sentido del humor, tu amor por la literatura, tu compasión por otras personas, tu pelo crespo, aun por la forma de tus dedos de los pies… Resiste la tentación de pensar en las cosas que no te gustan (¡imagina por un momento cómo se debe sentir Dios cuando nos oye quejándonos por la forma en que nos hizo!). En vez de eso, decide ahora honrarlo con tu gratitud. Al final de la semana, invita a almorzar o a un delicioso café a un amigo, con el fin de celebrar todos los regalos naturales con los cuales Dios te ha bendecido.

Señor, no quiero criticar la manera cómo me has formado, descansando en lo que otros piensan de mí para mi sentido de bienestar. Hazme una mujer confiada en que puedo ser amada, no por causa de mi belleza exterior, sino porque tú me has amado desde el momento en el cual me llamaste a la existencia. Oro en el nombre de Jesús, Amén.

Las madres de Moisés

JOCABED: SU NOMBRE QUIERE DECIR *EL SEÑOR ES LA GLORIA*

Su carácter: su feroz amor por su hijo, aunado a su fe, le permitió actuar heroicamente en medio de una gran opresión.

Su lamento: vivir en cautiverio como esclava.

Su alegría: que Dios no solamente preservó al hijo que ella le ofreció, sino que se lo regresó.

Escrituras clave: Éxodo 2:1-10; Hebreos 11:23.

LA HIJA DEL FARAÓN

Su carácter: el pueblo judío honra a hombres y mujeres a los cuales designa como «gentiles justos». Estas son personas que, aunque no son creyentes, han ayudado al pueblo de Dios de una manera significativa. Seguramente la hija del faraón deba estar en el tope de la lista de gentiles justos, al salvar valiente y compasivamente a un niño de la muerte, un niño que actuaría un día como el gran caudillo de Israel.

Su lamento: que su hijo adoptivo, al cual había cuidado por cuarenta años, tuvo que huir de su casa, en Egipto, para escapar de la ira del faraón.

Escrituras clave: Éxodo 2:1-10.

Su historia

Trescientos años después de la muerte del patriarca José, un bebé nació en Egipto. Sus fuertes lloriqueos eran tapados por los sollozos de la mujer. El corazón de Jocabed era un enredo de alegría y miedo. Este hijo tenía unos dedos tan diminutos que formaban un pequeño puño contra su pecho; era un niño tan llamativo que ella difícilmente creyó que fuera suyo. Tiernamente levantó la pequeña mano hasta su boca, presionando la tibieza de su mano en sus labios. Su gesto los calmó a los dos. Podía sentir el entumecimiento en su espalda disolverse, y sus músculos relajarse mientras miraba las sombras de la noche evaporarse con la luz de la mañana.

Aunque era una esclava, aún era levita; una mujer que pertenecía al Dios de Abraham y Sara, de Isaac y Rebeca, de Jacob, Raquel y Lea. Ella sabía sus historias. Creía en las promesas. Dios era Fiel. ¿No se había vuelto su pueblo ya tan numeroso como la arena del mar, tal cual él había dicho que sería?

De hecho, los israelitas eran tan numerosos que los faraones temieron que un día pudieran dejar entrar un ejército invasor y traicionaran a la nación desde adentro. Con el tiempo, los egipcios habían endurecido su mano, esclavizando finalmente a los israelitas, hasta que la paranoia del faraón produjo un mal más grande: la orden de matar a cada niño hebreo recién nacido. Pero las parteras hebreas le temían más a Dios, y se rehusaron a seguir sus órdenes; se excusaron diciendo que las hebreas eran más fuertes que las egipcias, dando a luz incluso antes de que las parteras llegaran.

Entonces el Faraón dio la orden a sus soldados de buscar y ahogar a cada varón recién nacido en las aguas del Nilo. Jocabed pudo escuchar los gritos de las madres repitiéndose regularmente, a través del campamento hebreo, mientras sus hijos les eran arrebatados. Sus brazos se cerraron alrededor de su hijo, mientras él dormía calladamente contra su pecho. Ella hizo un voto en el que prometía que su hijo no sería nunca alimento del dios del río egipcio. Ella y su esposo, Amrám orarían, harían un plan confiando en que Dios los ayudaría.

Por tres meses, tanto como pudo, escondió al niño, maniobrando para mantener a Miriam y al niño Aarón, de tres años, callados respecto al nuevo hermanito. Finalmente, llevó a cabo una idea que le venía dando vueltas en la mente. Faraón le había ordenado sacrificar a su hijo al dios del río Nilo. Con sus propias manos lo pondría en el agua.

Recordando cómo Dios había librado al niño Isaac, en la montaña del sacrificio, se inclinó y acostó a su bebé en una cesta de papiros, sellada contra el agua con asfalto y brea. Luego, con una oración susurrada y una última caricia, alzó sus ojos pidiéndole a Dios que preservara al niño de los cocodrilos que nadaban en el río.

No podía soportar ver mientras el niño se alejaba de ella. En su lugar, Miriam se mantuvo vigilante, siguiéndolo a la distancia para ver qué llegaría a ser de él.

Pronto la hija del faraón llegó a la ribera del río con algunos de sus invitados. Descubriendo la cesta entre los juncos, envió a su esclava para que se la trajera. Tan pronto alzó al bebé de ojos cafés, lo amó. El río le había dado un hijo al cual cuidaría como si fuera suyo. No podía salvar a todos los niños inocentes, pero podía salvar un hijo de una madre.

¿Se sorprendió cuando una joven esclava hebrea, Miriam, se le acercó preguntando si podía ir por una mujer hebrea para que cuidara al bebe por ella? ¿Sospechó la verdad cuando Jocabed alzó al bebé en sus brazos, pero esta vez como su nodriza?

Sin importar lo que pasaba por su mente, llamó al niño Moisés, diciendo: «Yo lo saqué del río» (Éxodo 2:10). Por los próximos cuarenta años, ella lo educó como un príncipe en las cortes del faraón.

Dios mantuvo a Moisés a salvo en medio de un extraordinario mal y peligro: primero en las aguas infestadas de cocodrilos, y luego bajo las mismas narices del faraón. Además, usó a los egipcios para cuidarlo y protegerlo en formas que deben haber hecho a Moisés aun más eficiente en su eventual rol como libertador de su pueblo.

Año tras año, seguramente Jocabed había reflejado la maravillosa fidelidad de Dios. Su ingenuidad, coraje y fe deben inspirar, entre nosotras, a las de rodillas más débiles.

Dos mujeres, una esclava y una princesa, preservaron la vida del futuro libertador de Israel, y así preservaron a toda la raza judía.

Su vida y época

Cestas

Un objeto tan ordinario utilizado de forma tan extraordinaria. Imagina con cuánto amor y cuidado Jocabed revistió la cesta de papiro con el asfalto y la brea, antes de poner a su precioso hijo dentro. Probablemente, pocas cestas, a lo largo de todos los siglos, han recibido un toque más amoroso y cuidadoso.

Las cestas eran solamente uno de los varios tipos de recipientes utilizados para almacenar y cargar varios utensilios en el mundo antiguo. En la casa, las mujeres las utilizaban para almacenar los utensilios de la casa, así como las frutas y el pan. Los fabricantes de ladrillos cargaban su arcilla en cestas. Los viajeros las usaban para cargar la provisión necesaria para su viaje. Los sacerdotes de Israel las utilizaban para guardar el pan y las obleas, que eran parte de la adoración en el tabernáculo (cf. Éxodo 29:3, 23, 32).

Hechas típicamente de algún material vegetal (hojas, ramas o tallos), las cestas venían en una variedad de formas y tamaños. Las más pequeñas podían cargarse con una sola mano. Las cestas un poco más grandes eran cargadas en la espalda o en la cabeza, y a menudo se usaban para llevar provisiones en un viaje. Los discípulos usaron doce grandes de estas para juntar lo que sobró cuando fue la alimentación de los cinco mil (cf. Mateo 14:20). Una cesta aún mayor fue usada para que Pablo escapara por una ventana en un muro de Damasco (cf. Hechos 9:25); debió ser una muy grande y robusta.

El uso que Dios hace de lo ordinario, para producir lo extraordinario, queda tan en evidencia aquí, en los primeros eventos del Éxodo, como en cualquier otra parte de las Escrituras. Su tendencia a llevar a cabo su voluntad, a través de cosas ordinarias, de personas ordinarias y de eventos ordinarios, no está obrando menos que en los días de Jocabed. Si buscas las señales de su presencia, seguramente las descubrirás.

Su legado en la Escritura

Lee Éxodo 2:1-2

1. Describe con tus palabras los eventos de estos dos versículos. Mira tras bambalinas, ¿cómo crees que la familia mantenía al bebé callado? Si un vecino cercano oía el llanto del recién nacido, ¿qué crees que hubiera hecho? ¿Cuál sería la situación si el vecino hubiera perdido un bebé recién nacido por el decreto del faraón? ¿Por qué a los tres meses Jocabed «ya no pudo seguir ocultándolo»?

2. ¿Cómo crees que habrías reaccionado en estas circunstancias? ¿Como Jocabed? ¿Como las otras madres?

Lee Éxodo 2:3-4

3. Los eventos aquí mencionados van directo al corazón de una madre. ¿Cómo crees que se sintió Jocabed mientras se alejaba del río?

Lee Éxodo 2:5-6

4. la hija del faraón, una miembro de la familia real, parte de la raza opresora de los israelitas, entra ahora en escena. ¿Qué es lo más obvio sobre ella a partir de estos versículos?

5. ¿Por qué supones que le estaba permitido desobedecer el duro edicto de su padre?

Lee Éxodo 2:7-10

6.   Compara los versículos 9 y 10. ¿Qué emociones en conflicto crees que debió sentir Jocabed?

Lee de nuevo Éxodo 2:10

7.   ¿Cuál es el significado de las palabras «Lo adoptó (a Moisés) como hijo suyo»?

8.   ¿Qué propósito de Dios estaba obrando allí?

Lee Hebreos 11:23

9.   Este versículo dice que la madre y el padre de Moisés actuaron «por la fe». Su único objetivo era salvar a su hijo. El temor por la seguridad de nuestros hijos —en sus vidas espirituales y físicas— parece ser una parte inescapable del oficio de ser padres. ¿Qué papel juega la fe en criar a un niño? ¿Cuál es tu miedo más grande respecto a tus hijos? ¿Cómo puedes responder «por la fe» a tus miedos?

Su promesa

La madre de Moisés, Jocabed, tenía una cosa en mente cuando escondió a su hijo, dejándolo en una cesta en el río. Su objetivo era preservar la vida del niño por un día más, una hora más, un momento más. Ella no podía saber cómo había planeado Dios obrar en su vida o en la vida de su hijo. Tampoco se daba cuenta que estaba poniendo en acción un plan divino para rescatar a su pueblo de esa opresión a la que ella se estaba resistiendo.

Los caminos de Dios son bellos en extremo. Él usa el amor intenso y devoto de una madre por su hijo para llevar libertad a toda una raza. Como Jocabed, nuestro objetivo debe ser depender, confiar en que Dios tiene su propósito obrando y que nosotras y nuestros hijos hacemos parte del mismo.

Promesas en la Escritura

> «Los planes del Señor quedan firmes para siempre; los designios de su mente son eternos. El Señor cuida de los que le temen, de los que esperan en su gran amor»
>
> (Salmos 33:11,18).

> «Porque yo sé muy bien los planes que tengo para ustedes —afirma el Señor—, planes de bienestar y no de calamidad, a fin de darles un futuro y una esperanza. Entonces ustedes me invocarán, y vendrán a suplicarme, y yo los escucharé. Me buscarán y me encontrarán, cuando me busquen de todo

corazón. Me dejaré encontrar — afirma el Señor — , y los haré volver del cautiverio. Yo los reuniré de todas las naciones y de todos los lugares adonde los haya dispersado, y los haré volver al lugar del cual los deporté»

(Jeremías 29:11-14).

Su legado de oración

«*Cuando ya no pudo seguir ocultándolo, preparó una cesta de papiro, la embadurnó con brea y asfalto y, poniendo en ella al niño, fue a dejar la cesta entre los juncos que había a la orilla del Nilo*»

(Éxodo 2:3).

Reflexiona sobre: Éxodo 2:1-10.

Alaba a Dios: porque aun los peores enemigos que nos encontremos son débiles comparados con él.

Da gracias: por el poder de Dios para salvar.

Confiesa: cualquier falta de confianza en Dios por las vidas de nuestros hijos.

Pídele a Dios: que te ayude a ser un aliento para las otras madres que están preocupadas por el bienestar de sus hijos.

Levanta tu corazón

Encuentra otra madre, tal vez una adolescente o una amiga que esté teniendo dificultad con sus hijos en este momento. Ármale una cesta y llénala de pequeños regalos, como velas aromáticas, frutas secas, una taza de café y unas pequeñas tarjetas con reconfortantes versículos de la Escritura. Dile que tú estarás orando por cada uno de sus hijos, con nombre propio, cada día por los siguientes meses. No esperes que ella confíe en ti, pero si lo hace, cuida lo que te diga, manteniéndolo confidencial y dejando que eso de forma a tus oraciones.

Padre, gracias te doy por el don y el llamado de la maternidad. Ayúdame a recordar que mi amor por mis hijos es solamente un reflejo de tu amor por ellos. Con eso en mente, dame la gracia para rendir mi ansiedad. Remplázala con un sentido de confianza y calma mientras aprendo a depender de ti, en cada cosa. Oro en el nombre de Jesús, Amén

Ana

SU NOMBRE QUIERE DECIR *GRACIA O FAVOR*

Su carácter: provocada por la malicia de otra mujer, se rehusó a responder de la misma forma. En su lugar, derramó su dolor y lamento ante Dios, permitiendo que él la vindicara.

Su lamento: ser provocada con insultos y ser incomprendida.

Su alegría: proclamar el poder y la bondad de Dios y el hábito del Señor de levantar al postrado y humillar al orgulloso.

Escrituras clave: 1 Samuel 1:1–2:11; 2:19–21.

Lunes

Su historia

Eran solamente veinticuatro kilómetros, pero cada año el viaje desde Ramá, para adorar en el tabernáculo, ubicado en Siló, parecía más largo. En casa, Ana se buscaba la forma de evitar a la segunda esposa de su marido, pero cuando estaban en Siló, no había escape a sus provocaciones. Ana se sentía como una carpa agujereada en una fuerte lluvia: incapaz de defenderse contra el duro clima del corazón de la otra mujer.

Es más, el brazo de Elcaná, su esposo, alrededor de ella, no proveía resguardo alguno. «Ana, ¿por qué lloras? ¿Por qué no comes? ¿Por qué estás resentida? ¿Acaso no soy para ti mejor que diez hijos?» (1 Samuel 1:8). Sí, ella me ha dado hijos, pero es a ti a quien amo. Ignora sus provocaciones.

¿Cómo podía hacerle entender Ana que aun el mejor hombre no podía borrar el anhelo de una mujer por tener hijos? Los intentos de Elcaná por reconfortarla solo aguzaban su dolor, elevando su sentido de aislamiento.

Ella pasó un buen tiempo en el tabernáculo, llorando y orando. Sus labios se movían sin hacer ningún sonido mientras derramaba el dolor de su corazón delante de Dios: «Señor Todopoderoso, si te dignas mirar la desdicha de esta sierva tuya y, si en vez de olvidarme, te acuerdas de mí y me concedes un hijo varón, yo te lo entregaré para toda la vida, y nunca se le cortará el cabello» (1 Samuel 1:11).

El sacerdote Elí estaba acostumbrado a que la gente viniera a Siló para celebrar las fiestas, comiendo y bebiendo más de lo debido. Viendo a Ana desde su silla, junto a la puerta del santuario, se preguntaba por qué sus hombros temblaban y sus labios se movían sin proferir sonido alguno. Debía estar borracha, concluyó el sacerdote. Así que interrumpió la oración silenciosa con un reclamo: «¿Hasta cuándo te va a durar la borrachera? ¡Deja ya el vino!» (1 Samuel 1:14).

«No mi Señor —se defendió Ana—; no he bebido ni vino ni cerveza. Soy sólo una mujer angustiada que ha venido a desahogarse delante del Señor. No me tome usted por una mala mujer. He pasado este tiempo orando debido a mi angustia y aflicción» (1 Samuel 1:15).

Satisfecho con su explicación, Elí la bendijo diciendo: «Que el Dios de Israel te conceda lo que les has pedido» (1 Samuel 1:17).

Temprano, a la mañana siguiente, Ana y Elcaná retornaron a su casa en Ramá, donde ella finalmente concibió. Pronto tenía contra su hombro al pequeño niño que había anhelado, el hijo que había dedicado a Dios. Después que Samuel fue destetado, se lo llevó a Elí, en Siló. Como Jocabed, que colocó al niño Moisés en las aguas del Nilo, como si lo estuviera colocando en las manos de Dios, ella puso a su hijo bajo el cuidado del sacerdote. Eventualmente, el niño de Ana llegaría a ser profeta y el último juez de Israel. Sus manos ungirían tanto a Saúl como a David, los primeros reyes de Israel.

Como Sara y Raquel, Ana estaba afligida por los hijos que no podía tener. Pero, a diferencia de las otras, llevó su angustia directamente a Dios. Malentendida tanto por su esposo como por su sacerdote, podía fácilmente haber volcado su lamento sobre sí o sobre otros, volviéndose amargada, desesperanzada o vengativa. Pero, en lugar de simplemente sentir pesar de sí o de responder de igual forma, derramó su corazón ante Dios. Y él respondió amablemente a su oración.

Cada año, Ana subía a Siló y le llevaba a Samuel una pequeña túnica que había cosido. Y cada año, el sacerdote Elí, bendecía a su esposo, Elcaná, diciendo: «Que el Señor te conceda hijos de esta mujer, a cambio del niño que ella pidió para dedicárselo al Señor» (1 Samuel 2:20). Y así Ana llegó a ser madre de tres hijos más y de dos hijas.

Su gran oración, que hace eco cerca de mil años después en la de María, la madre de Jesús (cf. Lucas 1:46-55), expresa la alabanza de Ana: «Mi corazón se alegra en el Señor, en él radica mi poder. Puedo celebrar su salvación y burlarme de mis enemigos. El Señor da la riqueza y la pobreza; humilla, pero también enaltece. Levanta del polvo al desvalido y saca del basurero al pobre» (1 Samuel 2:1,7-8).

Su vida y época

Infertilidad

Orando entre sus lágrimas, tan agobiada que Elí pensó que estaba borracha, Ana expresaba para las mujeres de todas las épocas la agonizante experiencia de la infertilidad. El profundo e insatisfecho anhelar de hijos, el dolor de ver a otras tenerlos, la angustia de ver a una madre besando el rostro de su bebé. Ana experimentó todo eso.

Los israelitas veían a los hijos como una bendición particular del Señor, reconociendo su poder para permitirle o no a una mujer quedar embarazada. Las mujeres que no podían tener hijos eran consideradas «submujeres», incapaces de cumplir su propósito divino sobre la tierra. Cuando una mujer era incapaz de cumplir este «deber», su dolor emocional era tremendo. Y muy probablemente las mujeres estériles también sentían que se les negaba la posibilidad de ser la escogida para concebir al Mesías.

La infertilidad traía consigo no solamente un lamento personal que debilitaba, sino también el reproche del esposo de la mujer, la desaprobación de la familia de la mujer y el rechazo de la sociedad. Los maridos buscaban que sus esposas parieran muchos hijos para ayudar a proveer en la familia. La familia extendida de una mujer, por el lado suyo y por el de su esposo, tenía el propósito de continuar el linaje familiar. Pero la mujer que no podía cumplir con esto, la veían como una irresponsable. Los círculos sociales de mujeres jóvenes, en edad de quedar embarazadas, por su misma naturaleza, incluían otras, mujeres que, a menudo, parían un niño tras otro. Su fertilidad se burlaba de la infertilidad de la mujer estéril cada vez que iban al mercado o al pozo o a un evento social de la comunidad.

La Escritura narra historias de varias mujeres que eran estériles. Sara se rió cuando se le anunció que finalmente tendría un hijo. Raquel presionó a Jacob y le imploró que le diera hijos, como si él tuviera la potestad de hacerlo. El dolor de Ana la hizo buscar la ayuda del Único verdaderamente capaz de proveérsela.

Si Ana nunca hubiera tenido un hijo, todavía habría quedado en la narrativa de la Escritura como una mujer de fe. Ana no es una mujer de fe porque haya tenido un hijo, es una mujer de fe porque buscó al Señor cuando estaba en su más profunda angustia; porque se dio cuenta que únicamente él podía responder sus preguntas y proveer el consuelo y propósito que tan desesperadamente buscaba en su vida.

MIÉRCOLES

Su legado en la Escritura

Lee 1 Samuel 1:1-8

1. ¿Qué clase de respuesta causó la falta de hijos en Ana en cada una de las personas involucradas? ¿En la misma Ana? ¿En Penina? ¿En Elcaná?

2. ¿Cómo has reaccionado a las decepciones o las fallas en tu vida?

3. ¿Qué impacto tuvieron en ti las reacciones de quienes te rodean?

Lee 1 Samuel 1:9-14

4. Ana se quedó en ese lugar tan público y derramó su dolor al Señor. Nota la reacción de Elí. ¿Crees que no se daba cuenta de la reacción que otros pudieron tener o crees que simplemente no le importaba?

Lee 1 Samuel 1:15-18

5. ¿Qué causó el cambio de Ana registrado en el versículo 18? ¿Hay algo aquí que le diera seguridad de que ahora tendría un hijo? Si no, ¿por qué estaba reconfortada?

6. ¿Cuándo ha respondido Dios a tus oraciones tras tiempos de decepción o dificultad? ¿Cuándo se han quedado tus oraciones sin

respuesta? ¿Cómo proveyó Dios en esas situaciones problemáticas?

Lee 1 Samuel 1:19-20

7. ¿Cómo respondió Dios a la oración de Ana? ¿Cuál es el significado del nombre Samuel?

Lee 1 Samuel 1:21-28

8. Estos versículos reflejan el cumplimiento del voto de Ana, registrado en el versículo 11. ¿Qué habría hecho difícil el voto de Ana? ¿Qué lo habría hecho necesario?

Lee 1 Samuel 2:18-21

9. Describe las acciones de Ana durante los años en los cuales Samuel crecía en el santuario. ¿Cómo crees que fueron esos años para ella?

10. ¿Cómo la recompensó Dios por su fidelidad?

11. Ana dedicó a su hijo Samuel al Señor al ofrecérselo y al ponerlo a trabajar en el santuario. ¿Tus hijos están dedicados al Señor? Si es así, ¿qué estás haciendo para ayudarlos a crecer en él?

JUEVES

Su promesa

Cuando Dios se encontró con Ana en el santuario de Siló, no solamente respondió a su oración por un hijo, le respondió reconfortándola en su miseria. Le dio consuelo en su desilusión y fuerza para enfrentar su situación. La Escritura no dice que Ana se fue segura de que tendría un hijo, pero deja claro que se fue reconfortada: «Desde ese momento, su semblante cambió» (1 Samuel 1:18). Lo que ni siquiera el amor y el cuidado de Elcana, podía proveer, Dios lo podía proveer.

Dios está dispuesto a encontrarse con nosotras tal cual se encontró con Ana. Cualquiera sea la aflicción, cualquiera sea la situación dura que enfrentemos, él está dispuesto (más que eso, él está deseoso) de conocer nuestras necesidades y darnos su gracia y consuelo. Ninguna otra persona —ni nuestros maridos, ni nuestros más cercanos amigos, ni nuestros padres, ni nuestros hijos— puede traer el alivio, soporte y aliento que nuestro Dios tiene esperando para nosotras.

Promesas en la Escritura

«Éste es mi consuelo en medio del dolor: que tu promesa me da vida»

(Salmos 119:50).

«Así que nos regocijamos en la esperanza de alcanzar la gloria de Dios. Y no sólo en esto sino también en nuestros sufri-

mientos, porque sabemos que el sufrimiento produce perseverancia; la perseverancia, entereza de carácter; la entereza de carácter, esperanza. Y esta esperanza no nos defrauda, porque Dios ha derramado su amor en nuestro corazón por el Espíritu Santo que nos ha dado»

(Romanos 5:2-5).

«Ahora bien, sabemos que Dios dispone todas las cosas para el bien de quienes lo aman, los que han sido llamados de acuerdo con su propósito»

(Romanos 8:28).

VIERNES

Su legado de oración

«Con gran angustia comenzó a orar al Señor y a llorar descon-
soladamente. Entonces hizo este voto: "Señor Todopoderoso,
si te dignas mirar la desdicha de esta sierva tuya y, si en vez
de olvidarme, te acuerdas de mi y me concedes un hijo varón,
yo te lo entregaré para toda su vida"»

(1 Samuel 1:10-11).

Reflexiona Sobre: 1 Samuel 2:1-10.
Alaba a Dios: porque él conoce nuestros corazones.
Da gracias: porque ya respondió a muchas de
                      nuestras oraciones.
Confiesa: la tendencia de derramar tu corazón
                      a todos excepto a Dios, haciéndolo
                      el último, en vez del primero a quien
                      recurrir.
Pídele a Dios: que te dé la gracia para confiar en su
                      fuerza.

Levanta tu corazón

Una forma de edificar tu confianza en Dios es que
te formes el hábito de recordar sus bendiciones. Es muy
fácil olvidar todo lo que él ya ha hecho al preocupar-
te con lo que quieres que haga justo aquí, justo ahora.
Pero, al olvidar sus bendiciones, te formas el hábito de
la ingratitud. Al agradecer a Dios frecuentemente por
lo que ha hecho, edificas el hábito de la gratitud, lo cual

también hará más profunda tu confianza en la compasión, misericordia, fidelidad y poder de Dios.

Encuentra un cuaderno desocupado o un adorable libro de recuerdos que llegue a ser tu *libro de remembranzas*. Escribe en este las formas en las cuales Dios ha respondido a tus oraciones. Guarda cartas, fotos de seres queridos o recortes de noticias... cualquier cosa que te acuerde de oraciones respondidas. Deja que este libro sea una forma tangible de mantener la fidelidad de Dios al frente de tu corazón.

Padre, te agradezco por todas las oraciones respondidas durante mi tiempo de vida. Tú has respondido oraciones pequeñas y grandes, oraciones nocturnas y matutinas, oraciones en voz baja y en voz alta, oraciones ansiosas y calmadas. Que mis oraciones sean moldeadas de acuerdo a tu fidelidad, volviéndose menos egoístas y frenéticas, y tornándose más calmadas y confiadas con cada día que pasa. Oro en el nombre de Jesús, Amén.

Elisabet

Su carácter: descendiente de Aarón, fue una mujer a la cual la Biblia llama «recta e intachable delante de Dios». Como otros pocos, mujeres u hombres, ella fue alabada por observar todos los mandamientos y regulaciones del Señor sin tacha alguna. Fue la primera en reconocer a Jesús como Señor.

Su lamento: ser estéril durante casi toda su vida.

Su alegría: dar a luz a Juan, conocido después como Juan el Bautista, el precursor del Mesías. Su nombre, asignado divinamente, significa: «El Señor es Misericordioso».

Escritura clave: Lucas 1:5–80.

Su historia

Sus ojos eran castaños y, como uvas pasas en un pastel, parpadeaban al mundo desde mejillas que se habían horneado mucho tiempo en el sol. Níveas trenzas de cabello se escondían bajo el chal de lana, haciéndole cosquillas a su arrugada cara. Sus pequeñas manos descansaban tiernamente sobre su redondo vientre, sondeando suavemente si había alguna pista de movimiento. Pero todo estaba calmo. Desde su puesto, en el tejado de la casa, notó una figura recorriendo la ruta hacia su casa y se preguntó quién podría ser su visitante.

Ella y Zacarías habían estado lo suficientemente contentos en su callada casa esos últimos meses, recluidos en su alegría. Cada mañana abría los ojos como si estuviera despertando de un sueño fantástico. A veces temblaba de la risa, pensando cómo Dios había reordenado su vida, plantando un hijo en su avellanado y viejo vientre.

Hace seis meses, Zacarías había sido escogido por suertes para quemar incienso ante el Lugar Santísimo; un privilegio que únicamente se vive una vez en la vida. Pero, durante su semana de servicio sacerdotal en el templo, lo había asustado casi de muerte una figura que apareció repentinamente junto al altar del incienso.

«Tu esposa Elisabet te dará un hijo —le dijo el ángel—, y le pondrás por nombre Juan. Tendrás gozo y alegría, y muchos se regocijarán por su nacimiento, porque él será un gran hombre delante del Señor» (Lucas 1:13-15). Era exactamente como con Sara y Abraham, con Rebeca e Isaac, y con Raquel y Jacob. Dios había encendido una vez más un fuego con dos palos secos.

Por su vida que Elisabet no pudo entender la respuesta de su esposo al ángel que tanto lo había aterrorizado. Una vez has puesto los ojos en un ser celestial, ¿cómo puedes no creer que cualquier cosa es posible? Pero Zacarías había soltado impulsivamente su escepticismo y sufrido las consecuencias. Su voz le fue arrebatada y no le sería devuelta sino hasta que se cumplieran las palabras del ángel. En esos días, él se comunicaba garabateando en una tablilla de cera.

Elisabet bajó de nuevo la mirada a la figura que se abría paso por el camino, una ramita verde de mujer. La mujer mayor bajó cuidadosamente las escaleras y recorrió la parte interior de la casa para dar la bienvenida a su invitada. Pero con las palabras del saludo de la joven, vino algo que sintió como un fuerte ventarrón, sacudiendo las vigas y columnas de la casa. Estabilizándose, la mujer mayor se sintió repentinamente vigorizada. La criatura salto dentro de ella mientras daba con fuerte voz la respuesta de bienvenida:

«—¡Bendita tú entre las mujeres, y bendito el hijo que darás a luz! Pero, ¿cómo es esto, que la madre de mi Señor venga a verme? Te digo que tan pronto llegó a mis oídos la voz de tu saludo, saltó de alegría la criatura que llevo en el vientre. ¡Dichosa tú que has creído, porque lo que el Señor te ha dicho se cumplirá!» (Lucas 1:42-45).

María hizo todo el viaje desde Nazaret para visitar a su familiar, Elisabet. El mismo ángel que le había hablado a Zacarías en el templo, le había susurrado a la virgen María el secreto de que Elisabet estaba embarazada, y de un niño. La magnifica canción de alabanza que salió de los labios de María, durante su encuentro, pudo haber tomado forma durante el curso del viaje de noventa y seis kilómetros al sur, a la región montañosa de Judea, donde vivía Elisabet:

«—Mi alma glorifica al Señor, y mi espíritu se regocija en Dios mi Salvador, porque se ha dignado fijarse en su humilde sierva. Desde ahora me llamaran dichosa todas las generaciones, porque el Poderoso ha hecho grandes cosas por mí. ¡Santo es su nombre! De generación en generación se extiende su misericordia a los que le temen. Hizo proezas con su brazo; desbarató las intrigas de los soberbios. De sus tronos derrocó a los poderosos, mientras ha exaltado a los humildes. A los hambrientos los colmó de bienes, y a los ricos los despidió con las manos vacías. Acudió en ayuda de su siervo Israel y, cumpliendo su promesa a nuestros padres, mostró su misericordia a Abraham y a su descendencia para siempre» (Lucas 1:46-55).

Las dos mujeres se abrazaron, sus lazos de parentesco ahora eran mucho más fuertes de lo que carne y hueso podían forjar. Porque el Dios de Israel —el Dios de Sara, Rebeca, Raquel, Lea, Miriam, Débora, Noemí, Rut, Abigail y Ana— estaba moviéndose otra vez, llevando a cumplimiento la promesa hecha hace tiempos. Y bendita era aquella que no había dudado que, lo dicho por el Señor, en ella se cumpliría.

Su vida y época

Incienso

Al esposo de Elisabet, Zacarías, se le había concedido un privilegio muy serio y especial. Cuando era el turno de su división sacerdotal de servir en el templo, fue escogido por suerte —la forma en que Dios hacía la elección— para quemar el incienso en el templo. Cada mañana y cada noche, tomaba el fuego del altar del holocausto y lo colocaba en el dorado altar del incienso, ubicado tras la cortina que separaba al Lugar Santo del Santísimo. Luego, vertía sobre el fuego el incienso en polvo desde una urna dorada. Mientras Zacarías cumplía este deber, todos los adoradores que estaban en el templo, en aquella oportunidad, permanecían afuera y oraban. El humo y el aroma del incienso simbolizaban las oraciones subiendo ante Dios. La fragancia también servía para fumigar el aire infectado con el hedor de la sangre de los animales muertos para los sacrificios.

Los registros históricos más antiguos sobre la adoración, incluyen información sobre la quema de incienso. Todas las naciones que rodeaban Palestina apreciaban el dulce olor del incienso permeando no solo sus lugares de adoración, sino también sus hogares. El incienso que Zacarías quemó en el templo estaba hecho de acuerdo con una «receta» especial de especias y sal que había sido molida hasta volverse polvo (cf. Éxodo 30:34-38). Este incienso santo podía usarse únicamente en el templo en adoración, nunca para propósitos ordinarios del día a día.

El profeta Jeremías, a menudo, condenó a los israelitas por ofrecer incienso a dioses falsos. Pero pudo ser aun más duro en su denuncia cuando quemaban incienso y su corazón no estaba en la adoración requerida (Jeremías 6:20). Dios dejó claro que la sola quema de incienso no le agradaba; este era solo un símbolo. Estaba buscando corazones volcados hacia él con fidelidad y confianza.

¿No es también esa apreciación obvia para nosotros hoy? En todas nuestras formas de adoración —nuestros himnos y canciones de alabanza, nuestras liturgias, representaciones y lecturas—, lo que a Dios le importa es nuestro corazón. ¿Está inclinado tu corazón a Dios en fidelidad y confianza?

Su legado en la Escritura

Lee Lucas 1:5-7

1. ¿Qué cosas importantes te dicen estos versículos sobre Elisabet y Zacarías? ¿Crees que las palabras del versículo 6 quieren decir que eran perfectos? Si no, ¿qué *quieren decir* estas palabras?

Lee Lucas 1:8-22

2. ¿Por qué crees que Zacarías no le creyó al ángel? ¿Estaba muy asustado? ¿Era el anuncio lo suficientemente increíble? ¿Por qué crees que se le castigó su incredulidad?

3. Imagina que un ángel viene a ti con un anuncio inesperado e increíble. ¿Cuál sería tu reacción?

Lee Lucas 1:23-25

4. ¿Por qué diría Elisabet que tenía vergüenza ante los demás?

5. Describe cómo se siente la mujer infértil hoy. ¿Es la vergüenza parte de sus sentimientos? Si sabes de alguien que está batallando con la infertilidad, ¿cómo puedes ser una amiga y darle apoyo?

Lee Lucas 1:39-41

6. ¿Crees que la reacción del bebé de Elisabet, a la llegada de María, fue solamente una coincidencia? ¿Qué crees que provocó que el bebé «saltara» justo en ese momento?

Lee Lucas 1:42-44

7. Elisabet no solo sonrió y ofreció una oración silenciosa cuando María llegó. Ella «exclamó» y alabó a Dios «con voz fuerte». ¿Qué tendría que pasar para que exclamaras tu alabanza a Dios?

Lee Lucas 1:45

8. ¿Cuál es el propósito de la alabanza de Elisabet: lo que Dios hizo en su vida o lo que hizo en la de María? ¿Qué revela eso sobre Elisabet?

Jueves

Su promesa

¡Dios siempre cumple sus promesas! Por cientos de años, él le ha estado diciendo al pueblo de Israel que enviaría un Mesías. Uno que quitaría todos los sacrificios y el sacerdocio. Uno que proveería un puente directo hacia él mismo. Uno cuyo sacrificio proveería redención para todas las épocas. Los eventos en este primer capítulo de Lucas son solamente el principio del cumplimiento de la gran promesa de Dios para su pueblo. Con María podemos decir: «Mi alma glorifica al Señor, y mi espíritu se regocija en Dios mi Salvador» (Lucas 1:46-47).

Promesas en la Escritura

> *«Pero para ustedes que temen mi nombre, se levantará el sol de justicia trayendo en sus rayos salud. Y ustedes saldrán saltando como becerros recién alimentados»*
>
> (Malaquías 4:2).

> *«Juan vio a Jesús que se acercaba a él, y dijo: ¡Aquí tienen al Cordero de Dios, que quita el pecado del mundo!»*
>
> (Juan 1:29).

> *«Este mensaje es digno de crédito y merece ser aceptado por todos: que Cristo Jesús vino al mundo a salvar a los pecadores»*
>
> (1 Timoteo 1:15).

Su legado de oración

«¡Dichosa tú que has creído, porque lo que el Señor te ha dicho se cumplirá!»

(Lucas 1:45).

Reflexiona sobre: Lucas 1:5-80.
Alaba a Dios: porque él es el Creador que forma a todo niño en el vientre.
Da gracias: por el don de los hijos.
Confiesa: cualquier tendencia a menospreciar el valor de la vida humana, incluyendo la vida no nacida.
Pídele a Dios: restaurar nuestro aprecio por el milagro de la vida humana.

Levanta tu corazón

¡Una persona es una persona, no importa cuán pequeña sea!

(De *Horton Hears a Who* [Horton oye a alguien] por Dr. Seuss).

La visita de María a Elisabet probablemente ocurrió cuando esta última estaba en su sexto mes de embarazo. La joven pudo quedarse bastante tiempo como para ayudar a la mayor en su alumbramiento. En cualquier caso, María debió estar en el primer trimestre de su embarazo, y Elisabet en el tercero. A continuación se narra lo que debió ocurrirles a los niños cuando estaban creciendo en los vientres de sus madres:

Jesús:

18 días: su sistema nervioso apareció.

30 días: la mayoría de los grandes órganos se empezaron a formar.

4 semanas: su corazón empezó a latir.

7 semanas: sus rasgos faciales eran visibles.

8 semanas: todas sus grandes estructuras corpóreas y órganos estaban presentes.

10 semanas: delgados dientes estaban formados en sus encías.

12 semanas: su cerebro estaba completamente formado y podía sentir dolor. Incluso podía estarse chupando su dedo.

Juan:

Sexto mes: podía juntar sus manos, patear, hacer saltos mortales y escuchar voces y sonidos afuera del vientre.

Tómate un momento corto para alabar a tu Creador con las bellas palabras del Salmo 139:13-16.

«Tú creaste mis entrañas; me formaste en el vientre de mi madre.

»¡Te alabo porque soy una creación admirable!

»¡Tus obras son maravillosas, y eso lo sé muy bien!

»Mis huesos no te fueron desconocidos cuando en lo más recóndito era yo formado, cuando en lo más profundo de la tierra era yo entretejido.

»Tus ojos vieron mi cuerpo en gestación: todo estaba ya escrito en tu libro; todos mis días se estaban diseñando, aunque no existía uno solo de ellos».

Querido Dios, tú eres el Señor y el Dador de la vida. Ayúdame a respetarla, protegerla y nutrirla, no importa el color, no importa la edad, no importa el género del ser humano con el que me encuentre. Te pido esto en el nombre de Jesús, el pan y el agua de vida, Amén.

María, la madre de Jesús

Su carácter: era una virgen de familia pobre en una villa oscura de Galilea. Su respuesta al ángel Gabriel revela a una mujer joven de fe y humildad inusuales. Su sí incondicional al plan de Dios para su vida implicó un gran riesgo y sufrimiento personal. Debió pasar temporadas de confusión, miedo y oscuridad en tanto que los eventos de su vida iban ocurriendo. Es honrada no solamente como la madre de Jesús, sino como su primera discípula.

Su lamento: ver a su hijo amado avergonzado y torturado, llevado a la muerte como un criminal de la peor clase.

Su alegría:	ver a su hijo levantarse de la muerte, haber recibido al Espíritu Santo junto con los otros discípulos de Cristo.
Escrituras clave:	Mateo 1:18-25; 2; Lucas 1:26-80; 2; Juan 19:25–27.

Su historia

Se sentó en la banca y cerró los ojos; era la silueta de una anciana contra el cielo azul de Jerusalén. Incluso la madera debajo de ella conjuraba imágenes. Aunque no podía recordar más el contorno exacto de la sonrisa de él o la forma de su cara dormida descansando junto a ella, aún podía recordar las manos ásperas y bronceadas moldeando la madera para su propósito con pericia. José fue un buen carpintero y aún mejor esposo.

Por estos días, las memorias venían espontáneamente, cual viento borrascoso llevándola a otros tiempos y lugares. Hay quienes dicen que los ahogados ven sus vidas correr en detalle justo antes de morir. La edad tenía un efecto similar —pensó—, excepto en que puedes revivir tus memorias con mucha más comodidad...

Una brisa fresca fastidiaba sus faldas mientras balanceaba el cántaro en su cabeza, siguiendo la ruta hacia el pozo. Un extraño —notó—, se aproximaba en la dirección contraria. Aún con la luz desvaneciéndose, las ropas del extraño brillaban como si se blanquearan con el más fuerte jabón de batán.

«¡Te saludo! —le dijo— ¡tú que has recibido el favor de Dios! El Señor está contigo».

Ningún nazareno, estaba segura, osaría saludar a una mujer soltera de esa forma. Pero con cada paso sus palabras se hicieron más fuertes, no suaves, invistiendo contra ella como el agua que cae en un acantilado:

«No tengas miedo, María...

»Dios te ha concedido su favor...

»Darás a luz un hijo...

»Lo llamarán Hijo del Altísimo...

»El Espíritu Santo vendrá sobre ti...

»Tu parienta Elisabet va a tener un hijo en su vejez» (Lucas 1:30-31, 35-36).

Ola tras ola se reventaba contra ella mientras escuchaba las palabras del ángel. Primero, confusión y miedo, después, temor y gratitud y, finalmente, un torrente de alegría y paz. Todo su ser estaba empapado de luz. Después oyó más palabras, pero esta vez irrumpiendo de sus labios y no de los del extraño:

«Aquí tienes a la sierva del Señor ... Que él haga conmigo como me has dicho» (Lucas 1:38).

Aunque el ángel partió, la paz permaneció en María. El Altísimo había visitado a la más humilde de sus siervas y le había dado la promesa que toda mujer judía anhelaba oír: «Quedarás encinta y darás a luz un hijo, y le pondrás por nombre Jesús. Dios el Señor le dará el trono de su padre David, y reinará sobre el pueblo de Jacob para siempre. Su reinado no tendrá fin» (Lucas 1:31-33).

La luna pendía como una sonrisa en el cielo de la noche, en tanto que María levantaba los cántaros llenos y empezaba a caminar por los campos. Mientras el agua oscilaba y saltaba, al ritmo de sus movimientos, se dio cuenta que se sentía también llena y satisfecha, como si hubiera recién terminado su comida favorita. Las preguntas, lo sabía, vendrían en la mañana. Por ahora, era suficiente mirar las estrellas y saber que Dios estaba obrando, dándole forma a su futuro.

«Mami, mami», gritaba él corriendo hacia ella con sus brazos rollizos, implorándole con fuerza.

«Jesús, ¿qué pasa ahora, hijo?», sonrió ella, tomando al regordete niño en sus brazos antes que pudiera caerse con el enredo usual de los brazos y los pies. Pero él era todo besos; chillando y frotando su nariz y su rizada cabeza contra el pecho de su madre, como enterrándose en su piel suave y fresca. Ella observó con toda felicidad. ¿Cuántas madres habría conocido? Pero ninguna describió adecuadamente toda la maravilla de un hijo: la risa, la sorpresa constante, la ternura. Sin mencionar el miedo y la preocupación, que son también parte del paquete.

Pero este no era el momento de entretener tales pensamientos. Los hombres de oriente se habían marchado recientemente. Qué extraños parecían estos magos, con sus cuentos de una estrella que los había guiado todo el camino hasta Belén, en busca del nuevo Rey. Se habían inclinado ante su hijo de ojos oscuros, entregando sus regalos de oro, incienso y mirra, como rindiendo homenaje a la realeza. Una mañana, sin embargo, habían empacado con apuro, diciendo solo que un sueño los había alertado de regresar a casa sin reportar las noticias de su búsqueda exitosa al rey. La sola mención del nombre de Herodes la había llenado de temor. Belén quedaba a solamente nueve kilómetros de Jerusalén. Peligrosamente cerca de un hombre que había asesinado a sus propios hijos por el celo de su trono. ¿Cómo respondería ese gobernante a los rumores de un niño Rey nacido en Belén?

José, hace dos noches, la había despertado sacudiéndola, contándole los detalles del sueño que acababa de tener:

María, un ángel se me apareció. Debemos partir antes de la salida del Sol. Herodes planea buscar a nuestro hijo y matarlo (cf. Mateo 2:13)

Ahora estaban camino a Egipto, al revés de los pasos de Moisés, Aarón y Miriam, que habían llevado sus ancestros a la libertad mucho tiempo atrás. María se preguntaba, mientras descansaban, si volverían a ver su tierra de nuevo.

«Mujer», él resolló la palabra suave y dolorosamente a través de los labios encostrados de sangre, y sus brazos, enjutos, arrojados con fuerza a cada lado de él, como si estuvieran implorando. Las palmas de sus manos estaban prendidas con clavos. La miro primero a ella y luego al joven que estaba al lado de ella. «Ahí tienes a tu hijo» (Juan 19:26). Las palabras salieron entrecortadas. Luego, miró al joven: «Ahí tienes a tu madre» (Juan 19:27).

Ella quiso alcanzarlo con todo el poder de su amor, enterrar el dolor de Jesús en su seno, decirle que era el hijo al que necesitaba más. ¿No tendría piedad de ella el Dios que tuvo piedad de Abraham? ¿Le permitiría sufrir aquello que aun al patriarca se le había evitado: el sacrificio de un hijo? Toda la vida había amado al Dios cuyo ángel se le apareció, llamándola: «Tú que has recibido el favor de Dios» (Lucas 1:29). ¿Pero podía considerarse alguna vez a una mujer cuyo hijo moría en una cruz romana, «favorecida»?

Repentinamente, sus palabras se le devolvieron, como si una versión más joven de sí estuviera susurrándole en su oído: «Aquí tienes a la sierva del Señor ... Que él haga conmigo como me has dicho» (Lucas 1:38).

El cielo del medio día se había oscurecido, pero aún podía ver la forma doblada de su hijo en la cruz, sus ojos buscando los de su madre. Las espinas rodeaban su frente en forma de una corona, había un crudo recordatorio de la señal que el gobernador romano había pegado al madero: «Jesús de Nazaret, Rey de los judíos» (Juan 19:19).

Pensó en los magos y en sus invaluables regalos. El oro y el incienso, tesoros reales que les habían ayudado a sobrevivir mientras permanecieron en Egipto. Se había preguntado siempre por la mirra. Ahora lo sabía: era el aceite para embalsamar al Rey que los sabios habían ido a adorar.

«Dios mío, Dios mío, ¿por qué me has desamparado?» (Mateo 27:46). Su grito la perforó como una espada. La tierra tembló violentamente y ella cayó de rodillas, completando a duras penas las palabras del Salmo para el hombre que colgaba muerto en la cruz:

«Dios mío, clamo de día y no me respondes; clamo de noche y no hallo reposo. Pero yo, gusano soy y no hombre; la gente se burla de mí, el pueblo me desprecia. Cuantos me ven, se ríen de mí; lanzan insultos, meneando la cabeza. Pero tú me sacaste del vientre materno; me hiciste reposar confiado en el regazo de mi madre. Fui puesto a tu cuidado desde antes de nacer; desde el vientre de mi madre mi Dios eres tú. Me han traspasado las manos y los pies. Puedo contar todos mis huesos; con satisfacción perversa la gente se detiene a mirarme. Se reparten entre ellos mis vestidos y sobre mi ropa echan suertes. Pero tú, Señor, no te alejes; fuerza mía, ven pronto en mi auxilio. ¡Alaben al Señor los que le temen! ¡Hónrenlo, descendientes de Jacob! Del Señor se hablará a las generaciones futuras. A un pueblo que aún no ha nacido se le dirá que Dios hizo justicia» (Salmos 22:2, 6-7, 9-10, 16-19, 23, 30-37).

Para el momento en que María abrió los ojos, el sol poniente había tornado la ciudad en una tierra dorada. Ella sonrió, enjugándose las lágrimas de su arrugada cara. Qué tan ciertas habían sido las palabras del ángel. Ninguna mujer, desde Eva en adelante, había sido bendecida alguna vez como ella, la madre del Mesías. Sí, el pasado estaba vivo dentro de ella, pero era el futuro lo que la llenaba de gozo. Pronto vería a su hijo de nuevo y esta vez serían las manos *de él* las que enjugarían la última de sus lágrimas.

Su vida y época

Ángeles

María tembló de miedo cuando el ángel Gabriel se le apareció... no es que fuera una reacción poco común. La mayoría de las veces, en la Escritura, en que un ángel se le aparecía a un ser humano, la reacción era de susto. Aunque no se nos dice exactamente cuál es la apariencia de los ángeles o cómo son ellos, una descripción en Mateo dice que «su aspecto era como el de un relámpago, y su ropa era blanca como la nieve» (Mateo 28:3). Ciertamente, es obvio a partir de las reacciones de quienes los vieron que los ángeles eran seres sobrenaturales y, por lo tanto, producían miedo.

Las doscientas noventa y un referencias a los ángeles, en la Escritura, nos dan una descripción variada de sus deberes. Los ángeles en el cielo están delante del trono de Dios y le adoran (cf. Mt 18:10). Un ángel ayudó a Agar e Ismael cuando estuvieron en problemas en el desierto (cf. Génesis 21:17). Un ángel liberó a los apóstoles de la prisión (cf. Hechos 5:19). Un ángel dirigió a Felipe en el camino del desierto donde se encontró con el eunuco etíope al que le anunció las Buenas Nuevas (cf. Hechos 8:26). Un ángel se le apareció a Pablo para reconfortarlo (cf. Hechos 27:23-24); a Elías, cuando estaba agotado y desanimado en el desierto (cf. 1 Reyes 19:3-9); y a Daniel y a sus amigos en situaciones peligrosas (cf. Daniel 3:28; 6:22). En ocasiones, Dios utiliza ángeles para castigar a sus enemigos (cf. Génesis 19:1; 2 Reyes 19:35).

Los ángeles jugaron un papel importante en la vida de Jesús. Después de las primeras apariciones a Zacarías, María y José, los ángeles anunciaron el nacimiento de Jesús a los pastores (cf. Lucas 2:9). Los ángeles llegaron adonde Jesús y lo ministraron después de ser tentado en el desierto (cf. Mateo 4:11), y cuando estaba en el jardín, justo antes de su crucifixión (cf. Lucas 22:43). Un violento terremoto acompañó al ángel que vino a la tierra y quitó la piedra de la tumba de Jesús (cf. Mateo 28:2). Cuando Jesús ascendió al cielo, dos ángeles, «hombres vestidos de blanco» (Hechos 1:10), le dijeron a los discípulos que él volvería de la misma forma.

En el libro de Apocalipsis, Juan describe una escena gloriosa: «Luego miré, y oí la voz de muchos ángeles que estaban alrededor del trono, de los seres vivientes y de los ancianos. El número de ellos era millares de millares y millones de millones. Cantaban con todas sus fuerzas: "Digno es el Cordero, que ha sido sacrificado, de recibir el poder, la riqueza y la sabiduría, la fortaleza y la honra, la gloria y la alabanza"» (Apocalipsis 5:11-12).

Imagine la visión: cientos de miles de seres —del blanco más puro, como relámpagos—, todos moviéndose concertadamente, alrededor del trono de Dios. Escucha: ¿puedes imaginar sus fuertes voces sobrenaturales alabando a Jesús? *¡Digno es el Cordero!* Después, «oí a cuanta criatura hay en el cielo, y en la tierra, y debajo de la tierra y en el mar, a todos en la creación» (Apocalipsis 5:13), se les unieron a los ángeles cantando alabanzas. ¡Qué visión! ¡Qué sonido! María estará allá, alabando a su hijo. ¿Estarás allá, alabando a tu Salvador?

Su legado en la Escritura

Lee Lucas 1:26-35

1. Saluda como el ángel pero en tus propias palabras. ¿Por qué crees que el saludo perturbó a María?

2. Si un ángel llegara a visitarte hoy, ¿qué clase de saludo crees que te daría? ¿Qué te revelaría el saludo acerca de tu carácter y acerca de tu relación con Dios?

Lee Lucas 1:36-37

3. ¿Cuáles son las dos cosas que el ángel le dice a María en estos versículos? ¿Por qué le comentaría de Elisabet? ¿Por qué le diría que «para Dios no hay nada imposible»? ¿Ya no sabía eso María?

4. Si verdaderamente, «para Dios no hay nada imposible», ¿qué área o circunstancia de tu vida necesitas dejar ante él? ¿Qué está evitando que lo hagas?

Lee Lucas 1:38

5. ¿Qué te dice la respuesta de María acerca de ella? ¿Crees que, en este punto, ella en realidad se da cuenta de lo que el futuro le depara?

¿Cómo la aparente actitud en estas palabras le ayudó en los momentos difíciles del futuro?

Lee Lucas 2:1-7

6. Estas palabras son muy familiares y la historia es bien conocida. El nacimiento de Dios en la tierra se ha vuelto común, ordinario. Relee estos versículos, considerando, mientras lo haces, las emociones que José y María debieron experimentar, lo que debieron decirse el uno al otro, cómo debieron ser sus oraciones. Luego, contempla el hecho real: ¡no solo el nacimiento de un bebé sino el nacimiento del Cristo!

Lee Lucas 2:41-52

7. ¿A quién llama María el padre de Jesús? ¿Quién dice Jesús que es su padre? ¿Por qué es esto significativo?

8. El versículo 50 dice que María y José «no entendieron» lo que Jesús les quiso decir. Sin embargo, el versículo 51 dice que María «conservaba todas estas cosas en el corazón». Contrasta los dos versículos. ¿Qué crees que se quiere decir con «conservaba»?

Lee Juan 19:25-27

9. Es difícil describir con palabras la agonía que María debió experimentar mientras veía a su hijo morir. Ver su angustia debió añadir más

al tormento de Jesús. ¿Qué te dice esta escena acerca de su relación?

10. Ver a un hijo o hija morir es, tal vez, la experiencia más dolorosa conocida por la raza humana. ¿Cuál es el único lugar para ir y encontrar consuelo cuando tales momentos dolorosos llegan a nuestras vidas? ¿Por qué?

Su promesa

Cuando Dios dice que nada es imposible, quiere decir eso precisamente. Él es Todopoderoso, Omnipotente, el Salvador del mundo. No importa lo que haya prometido, no importa qué tan difícil e imposible de cumplir parezca esa promesa, él puede cumplirla y lo hará.

Promesas en la Escritura

«Porque el pueblo de Israel cruzó el río Jordán en seco. El Señor, Dios de ustedes, hizo lo mismo que había hecho con el Mar Rojo cuando lo mantuvo seco hasta que nosotros cruzamos. Esto sucedió para que todas las naciones de la tierra supieran que el Señor es poderoso, y para que ustedes aprendieran a temerlo para siempre»

(Josué 4:22-24).

«Para los hombre es imposible —aclaró Jesús, mirándolos fijamente—, mas para Dios todo es posible» (Mateo 19:26).
«Pues la locura de Dios es más sabia que la sabiduría humana, y la debilidad de Dios es más fuerte que la fuerza humana»

(1 Corintios 1:25).

VIERNES

Su legado de oración

«¡Te saludo, tú que has recibido el favor de Dios! El Señor está contigo»

(Lucas 1:28).

Reflexiona sobre: Lucas 1:26-38.

Alaba a Dios: porque nada es imposible para él.

Da gracias: porque el cuerpo de una mujer llegó a ser el lugar de habitación de la divinidad.

Confiesa: cualquier tendencia a menospreciarte como mujer.

Pídele a Dios: que te haga una mujer que, como María, traigas a Jesús al mundo al expresar su carácter, poder, perdón y gracia.

Levanta tu corazón

Escoge un episodio de la vida de María: su encuentro con Gabriel, el nacimiento de su hijo, la escena con los pastores, la presentación en el templo, la visita de los magos, la huída a Egipto, la agonía de su hijo en la cruz o su presencia con los discípulos en el Aposento Alto. Imagínate a ti en ese lugar. ¿Cuáles son tus batallas, tus alegrías? ¿Qué pensamientos corren por tu mente? ¿Te tomaría algo o alguien por sorpresa?

Pídele al Espíritu Santo que guíe tus reflexiones, que te ayude a imaginar los sonidos, la vista, los olores que traerían cada escena a la vida. Deja que las Escrituras alimenten tu alma con un entendimiento más profundo de las intenciones de Dios para tu vida. Ora por la gracia de ser una mujer como la que dijo: «Aquí tienes a la sierva del Señor. Que él haga conmigo como me has dicho».

Mi alma esta llena de ti, mi Dios, y no puedo retener mi alegría. Todo el que me vea me llamará dichosa, porque tú te has fijado en mí. Viste mi humildad y mi necesidad, y llenaste mi vacío con tu presencia. Forma tu semejanza en mí, de manera que, como María, pueda traerte a un mundo que necesita desesperadamente tu amor. En el nombre del hijo de María oro, Amén.

La mujer sirofenicia

Su carácter: aunque era gentil, se dirigió a Jesús como: «Señor, Hijo de David». Su gran fe resultó en la liberación de su hija.

Su lamento: que su hija estaba poseída por un espíritu inmundo.

Su alegría: que Jesús liberó a su hija de la atadura espiritual.

Escrituras clave: Mateo 15:21-28; Marcos 7:24-30.

Su historia

Su cuerpo se sacudía y se retorcía, golpeando al aire. Con los ojos completamente abiertos, la pequeña niña le hablaba a fantasmas que su madre no podía ver. Su cara cambiaba tan rápidamente como las nubes en una tormenta repentina. Miedo, sorpresa y luego una forma loca de risa, como si alguien le hubiera robado el alma. Los mechones pegados de su pelo oscuro golpeaban contra sus mejillas.

Su madre se preguntaba qué había sido de la bella niña que la había seguido como un cachorro donde quiera que iba. Cómo extrañaba todos esos besos suaves y la pequeña nariz que había frotado contra su mejilla. A duras penas había dormido esas últimas noches por miedo a lo que su hija pudiera hacerse. Ninguna de los dos, pensó, podría soportarlo mucho más.

Justo en esa mañana había escuchado de un Sanador judío del que decían los amigos que había venido a Tiro anhelando un poco de descanso de las multitudes que lo atropellaban en Galilea. No importaba que los judíos rara vez se mezclaran con los gentiles. Ella iría a él, le imploraría su ayuda; se pondría muy brava si era necesario. Haría lo que tuviera que hacer para que la escuchara. No le tomó mucho encontrarlo.

Se aproximó a Jesús, implorándole: «¡Señor, Hijo de David, ten compasión de mí! Mi hija sufre terriblemente por estar endemoniada» (Mateo 15:22).

Pero Jesús ignoró a la mujer y no le respondió nada.

Finalmente, sus discípulos le dijeron a Jesús: «Despídela, porque viene detrás de nosotros gritando» (Mateo 15:23).

Pero Jesús sabía que no sería fácil deshacerse de ella. Les dijo: «No fui enviado sino a las ovejas perdidas del pueblo de Israel» (Mateo 15:24).

Oyendo, la mujer se arrojó a sus pies de nuevo, implorándole: «¡Señor, ayúdame!» (Mateo 15:25).

Luego Jesús, volviéndose hacia ella, le dijo: «No está bien quitarles el pan a los hijos y echárselo a los perros» (Mateo 15:26).

Pero la mujer no se rendiría. «Sí Señor; pero hasta los perros comen las migajas que caen de la mesa de sus amos» (Mateo 15:27)

«¡Mujer, qué grande es tu fe! Que se cumpla lo que quieres» (Mateo 15:28), le dijo Jesús.

Así que la mujer sirofenicia regresó adonde estaba su hija, que quedó liberada del espíritu inmundo desde el momento en que Jesús habló.

La Escritura no describe a la pequeña niña de esta historia en detalle; solamente dice que estaba poseída por un demonio. Pero, juzgando a partir de incidentes similares, tal como el endemoniado geraseno, cuya historia se relata en Lucas 8; o el pequeño muchacho de Mateo 17, que se lanzaba al fuego, las señales de posesión demoníaca eran probablemente tan obvias como asustadoras.

¿Pero por qué Jesús parece tan rudo con la pobre mujer, ignorando su solicitud y luego refiriéndose a ella y a su hija como perros?

Su respuesta puede sonar un poco menos fuerte cuando te das cuenta que la palabra usada por Jesús para «perros», no era tan ofensiva como la reservada de manera común para los gentiles por parte de los judíos. En su lugar, era el término usado para los perritos pequeños usados como mascotas. Jesús estaba dejando claro también que su misión principal era con los israelitas. Si hubiera realizado milagros y curaciones en Tiro y Sidón, se habría arriesgado a la misma clase de escenas de amontonamiento que acaba de dejar atrás en Galilea, inaugurando así un ministerio para los gentiles antes de que fuera el tiempo de su Padre.

La mujer podía no saber la razón de su silencio, sin embargo, eso debió poner a prueba su fe. Pero, en vez de rendirse o tomar la ofensiva, ejercitó su rápido ingenio, revelando de paso una profunda humildad y una fe tenaz. Una combinación a la que Jesús fue incapaz de resistirse: el suelo fértil en el cual un milagro crece. La mujer sirofenicia debió regocijarse ese día, al ver a la hija que amaba sana y salva, agradecida por el pan dador de la vida que había caído de la mesa del Maestro.

Martes

Su vida y época

Posesión demoníaca

El Nuevo Testamento rebosa de historias de personas poseídas por demonios. Los demonios son ángeles caídos; emisarios de Satanás enviados a la tierra para oprimir a los seres humanos y para hacerlos extraviar del camino. Bajo el control Satanás, el único objetivo de los demonios es cumplir sus propósitos. Tienen poderes sobrenaturales aquí en la tierra: inteligencia sobrenatural, saben e intentan esconder la verdad (cf. 1 Juan 4:1-3); reconocen a Jesús como Hijo de Dios (cf. Marcos 5:7); y tienen fuerza sobrenatural —un hombre poseído por demonios podía zafarse incluso cuando estaba encadenado— (cf. Lucas 8:29).

Aunque sobrenaturales en su fuerza, los demonios no son más poderosos que Dios o su Hijo. Todas las veces que los demonios estaban frente a frente con Cristo o sus discípulos, en el Nuevo Testamento, temblaban y obedecían sus mandatos.

Lo que describe el Nuevo Testamento como personas poseídas por demonios, lo representaríamos hoy como tener una enfermedad de alguna clase: física o mental. Qué tanta diferencia se puede hacer entre las dos, es incierto. Después que Jesús expulsó un demonio de una persona, ésta se describe como «sentado, vestido y en su sano juicio» (cf. Marcos 5:15). La posesión demoníaca de este personaje pudo ser una enfermedad mental extrema. En ocasiones, la posesión demoníaca causaba pérdida del habla, de la vista o convulsiones (cf. Mateo 9:32; 12:22; Marcos 9:20). Solamente podemos especular si hoy veríamos estas enfermedades como completamente físicas.

Es interesante notar que los demonios únicamente se mencionan dos veces en el Antiguo Testamento (cf. Deuteronomio 32:17; Salmos 106:37) y, sin embargo, más de setenta veces en el Nuevo Testamento (la gran mayoría en los Evangelios). Tal vez el ministerio de Jesús, con los enfermos, expuso la actividad demoníaca como nunca antes. O tal vez Satanás enfocó una extraordinaria cantidad de su fuerza y poder sobre la tierra de Israel mientras Jesús caminaba y sanaba.

Cuando Jesús dejó la tierra, envió al Espíritu Santo para habitar en su pueblo. La vida de Cristo, dentro de nosotros, como creyentes, es nuestra defensa contra las fuerzas del mal. Podemos sufrir de enfermedades físicas, emocionales o mentales, que parecen como demonios dentro de nosotros; sin embargo, Dios a menudo usa el poder de los tratamientos médicos para curarnos de esas dolencias. Pero no subestimemos el valor que poseemos dentro de nosotros como hijos de Dios. Ese poder forma un cerco de protección alrededor y dentro de nosotros en tanto que mantengamos una cercana relación con Dios Padre, Cristo su Hijo y el Espíritu Santo, nuestra fuerza y consuelo.

Su legado en la Escritura

Lee Mateo 15:21-22

1. ¿Qué cosa, en estas palabras, deja claro que tanto esta mujer como su hija estaban sufriendo?

2. Si tu hijo fuera el poseído, ¿cómo te acercarías a Jesús para pedirle su sanidad? ¿Qué le dirías? ¿Cómo actuarías?

Lee Mateo 15:23

3. ¿Por qué supones que Jesús ignoró al principio a la mujer? ¿Cuál fue la respuesta de ella?

4. ¿Estuvo bien que esta mujer se mantuviera «gritando»? ¿Por qué sí o por qué no?

Lee Mateo 15:24-26

5. Esta mujer no era israelita. ¿Cuál pudo ser su respuesta a la declaración de Jesús acerca de que él no fue «enviado sino a las ovejas perdidas de Israel»? ¿Por qué crees que no se rindió?

6. ¿Qué tan persistente eres en tus oraciones? ¿Te rindes con facilidad? ¿O te mantienes orando hasta que obtienes una respuesta definitiva?

Lee Mateo 15:27-28

7. ¿Cuál es el significado de «migajas» en el versículo 27? ¿Qué estaba diciendo esta mujer?

8. ¿Cuál fue la respuesta de Jesús? ¿Por qué respondió de esa forma?

9. ¿Cuándo has pedido poco y recibido mucho? ¿Te sorprendiste? ¿Qué tan seguido nos aferramos a las «migajas» cuando Jesús en realidad quiere darnos el pan completo?

Lee Mateo 15:23,28

10. ¿Cuál es la diferencia entre cómo respondieron los discípulos a la mujer y cómo le respondió Jesús al final?

11. Cuando se te acerca una persona necesitada, ¿respondes como Jesús o como sus discípulos? ¿Cómo respondes si la persona tiene una necesidad emocional, pegándose continuamente a ti, interrumpiendo tus conversaciones con otros, haciendo preguntas que no puedes responder y generalmente queriendo más de lo que deseas dar?

JUEVES

Su promesa

¿Qué promesa posible puede encontrarse en una mujer pagana cuya pequeña niña estaba poseída por un espíritu inmundo? La mujer sirofenicia no habría sabido qué hacer con su hija si no hubiera oído acerca de Jesús. De alguna forma le fue dada la fe para creer que el único capaz de salvar a su hija era él.

Los espíritus inmundos, desafortunadamente, no son criaturas de una era pasada. Nosotros también debemos pelear con los poderes malignos en nuestras vidas. La diferencia ahora es que Jesús ha ganado la victoria última en la cruz. Como creyentes compartimos esa victoria. Él nos ha dado autoridad sobre las fuerzas del mal en nuestras vidas. Podemos estar peleando aún la batalla pero, absurdo como suena, ¡la victoria ya está ganada!

Promesas en la Escritura

«Por último, fortalézcanse con el gran poder del Señor»
(Efesios 6:10).

«Todo profeta que reconoce que Jesucristo ha venido en cuerpo humano, es de Dios; todo profeta que no reconoce a Jesús, no es de Dios»

(1 Juan 4:2-3).

«*El que está en ustedes es más poderoso que el que está en el mundo*»

(1 Juan 4:4).

Su legado de oración

« — ¡Mujer, qué grande es tu fe! — contestó Jesús — . Que se cumpla lo que quieres»

(Mateo 15:28).

Reflexiona sobre:	Mateo 15:21-28.
Alaba a Dios:	por su poder para liberarnos de toda forma del mal.
Da gracias:	por la liberación que experimentaste.
Confiesa:	cualquier desesperanza acerca de tus hijos u otras personas que amas.
Pídele a Dios:	que te dé la misma fe, «como la de un terrier», que la mujer sirofenicia tuvo; de manera que nunca dejes de orar por la salvación de tus personas amadas.

Levanta tu corazón

Aunque la mayoría de nuestros hijos nunca sufrirán de posesión demoníaca real, todos están inmersos, como nosotros, en una batalla espiritual. Como madre, tus oraciones y tu vida juegan un papel importante en la protección espiritual de tus hijos. Esta semana, ora el Salmo 46 o el 91 para la protección espiritual de tu familia. O tómate unos momentos para orar estos versículos del Salmo 125:

«Los que confían en el Señor son como el monte de Sión, que jamás será conmovido, que permanecerá para siempre. Como rodean las colinas a Jerusalén, así rodea el Señor a su pueblo, desde ahora y para siempre».

Imagina que cada miembro de tu familia está rodeado por Dios, tal cual como las montañas rodean la ciudad de Jerusalén. Ofrécele a cada uno de ellos, poniéndolos a su cuidado. Cuando estés preocupada por un miembro en particular de tu familia, haz un oración rápida, pidiéndole a Dios que lo rodee o la rodee con su protección.

Señor, rodea a mis hijos como las colinas rodean a Jerusalén. Cerca nuestra familia con tu poder y paz. Líbranos del mal ahora y para siempre. Oro en el nombre de Jesús, Amén.

Salomé, la madre de los hijos de Zebedeo

SU NOMBRE QUIERE DECIR *PAZ*

Su carácter:	una seguidora devota de Jesús, cuyo esposo tenía un negocio de pesca. Compartía la concepción errada y común de que el Mesías expulsaría a los romanos y establecería un reino literal en Palestina. Su nombre probablemente era Salomé.
Su lamento:	estar con otras mujeres en la cruz, atestiguando la muerte de Jesús de Nazaret.
Su alegría:	ver un ángel en la tumba de Cristo que proclamaba su resurrección.
Escrituras clave:	Mateo 20:20-24; 27:56; Marcos 15:40-41; 16:1–2.

Su historia

Salomé amaba a Jesús casi tanto como amaba a sus dos hijos, Jacobo y Juan. Nunca olvidaría el día en que dejaron a su padre y sus redes de pesca para seguirlo. Más tarde, ella también llegaría a creer que Jesús era el Mesías de Dios.

Sonrió cuando oyó que Jesús apodó a sus muchachos: «Hijos del trueno» (Marcos 3:17). Con toda seguridad, él había reconocido las semillas de grandeza en los dos valientes hermanos de Capernaúm. ¿Por qué otra razón los habría invitado a su círculo íntimo, junto con Simón Pedro? Ella oyó cómo Jesús los llevó a los tres, camino arriba a la montaña. Cuando bajaron, sus locuaces hijos a duras penas podían hablar. Pero luego, la historia salió a la luz.

-La cara de Jesús estaba cegadoramente brillante como el sol...

-Moisés y Elías aparecieron y hablaron con él...

-Repentinamente una nube los rodeó y una voz del cielo, dijo: «Éste es mi Hijo amado; estoy muy complacido con él. ¡Escúchenlo!» (Mateo 17:5).

Salomé había escuchado. Había visto la gloria y el poder que emanaban del Hombre. Aunque oyó rumores nefastos del odio hacia Jesús, por parte de los hombres poderosos de Jerusalén, también sabía que el gran Rey David había enfrentado su grupo de enemigos antes de establecer su reino. ¿Y no había prometido Jesús a sus discípulos que se sentarían en doce tronos en su Reino? «Y todo el que por mi causa haya dejado casas, hermanos, hermanas, padre, madre, hijos o terrenos, recibirá cien veces más y heredará la vida eterna» (Mateo 19:29). ¿Cómo podía ella dudar de él? Aun con la fe como de una pequeña semilla de mostaza, las montañas podrían moverse.

Salomé había dejado atrás su confortable casa en la playa, al noroeste de Galilea, para unirse a sus hijos. Ahora, mientras viajaban a Jerusalén, recordó otras palabras que Jesús hablo: «Pidan, y se les dará; busquen, y encontrarán; llamen, y se les abrirá» (Mateo 7:7). No se negaría a sí el único favor que su corazón deseaba. Postrándose ante él, imploró: «Ordena que en tu reino uno de estos dos hijos míos se siente a tu derecha y el otro a tu izquierda» (Mateo 20:21).

Pero en lugar de responderle, Jesús buscó a Jacobo y Juan, y dijo: «No saben lo que están pidiendo ... ¿Pueden acaso beber el trago amargo de la copa que yo voy a beber? —Sí, podemos. —Ciertamente beberán de mi copa —les dijo Jesús—, pero el sentarse a mi derecha o a mi izquierda no me corresponde a mí concederlo. Eso ya lo ha decidido mi Padre» (Mateo 20:22-23).

Jesús, que conocía a los hijos de Zebedeo mejor que nadie, se dio cuenta que Salomé estaba dando a conocer las crecientes ambiciones de sus hijos. Como cualquier madre amorosa, simplemente había pedido lo que creyó que haría a sus hijos felices. Pero como lo probaron la respuesta de Jesús y otros eventos subsiguientes, esta madre ni siquiera empezaba a entender lo que estaba pidiendo. Pronto, el hombre al que se estaba acercando como Rey, moriría en la cruz, y ella sería una de las mujeres que atestiguaría de su muerte.

Después que todo terminó, Salomé pudo recordar las caras angustiadas de los hombres que fueron crucificados con Jesús, uno a su derecha y el otro a su izquierda... un irónico recordatorio de su pedido en el camino hacia Jerusalén. Tal recuerdo solamente incrementó su terror por lo que podría pasarle a sus hijos ahora.

Junto con otras mujeres fieles en la cruz, Salomé estaba presente la mañana en que Jesús resucitó. Con seguridad, las palabras del ángel: «¡Ha resucitado! No está aquí» (Marcos 16:6), la confortarían después, cuando su hijo Jacobo llegó a ser el primer apóstol mártir, muriendo a manos de Herodes Agripa.

En lugar de pedir a Jesús lo que él quería para sus hijos, Salomé actuó como si supiera exactamente lo que Jesús necesitaba hacer en beneficio de ellos. Debió olvidar que él exhortó a sus seguidores a dejar atrás no solo casas, hermanos y hermanas, padres y madres por su causa, sino también los hijos. En el caso de Salomé, no significaba dar la espalda a sus hijos, sino rendirlos ante Dios. Esto quería decir poner a Jesús por encima de todo y todos, amándolo más que a sus propios hijos. Solamente entonces entendería el significado de lo que tendrían que sufrir como seguidores de Cristo. Solo entonces sabría realmente cómo orar.

Su vida y época

Maternidad

En tiempos bíblicos, cuando un hombre se casaba, ganaba otra posesión. Toda esposa estaba bajo la absoluta autoridad de su marido. Cuando un hombre decidía «casarse con una mujer», el significado de la frase era cercano a decir: «llegar a ser el amo de esa esposa». Pero aun cuando la posición de una mujer en la casa era una de subordinación a su esposo, todavía estaba en una posición más alta que cualquier otra persona en la misma.

El deber principal de una mujer era producir una familia, preferiblemente hijos que pudieran asegurar el futuro físico y financiero de la familia. Las madres, generalmente, amamantaban a sus hijos hasta que tenían alrededor de tres años. Durante ese tiempo, usualmente, esposo y esposa no tenían relaciones sexuales; una forma natural de control de natalidad que le daba a la madre tiempo para dedicarse completamente a sus hijos recién nacidos.

Las madres tenían todo el cuidado con sus hijos, hombres y mujeres, hasta que tenían cerca de seis años. Los niños ayudaban a la madre en las tareas de la casa, y ella les enseñaba las lecciones básicas de vivir en su cultura. Después de los seis años, la mayoría de los niños se convertían en los pastores de la familia o empezaban a pasar el día con su padre, aprendiendo sobre los negocios de la familia. David, como el hijo más joven, cuidaba las ovejas y las cabras de su familia (cf. 1 Samuel 16:11), y probablemente Jesús pasó tiempo con su padre aprendiendo sobre carpintería (cf. Marcos 6:3). Las hijas se quedaban con sus madres a través de todos sus años de crecimiento. Las madres les enseñaban a hilar, a tejer, a cocinar, a cómo comportarse y a qué esperar en sus roles futuros como esposas y madres.

Gradualmente, el rol de madres llegó a incluir actividades como las descritas en Proverbios 31. A través de toda la Escritura, al rol de madre le es dado dignidad y significado; tanto que Dios describe su amor por nosotros como sus hijos en términos de la maternidad. «Como madre que consuela a su hijo, así yo los consolaré a ustedes» (Isaías 66:13). Pablo describe su cuidado por los tesalonicenses como el cuidado de una madre por sus hijos: «Los tratamos con delicadeza. Como una madre que amamanta y cuida a sus hijos» (1 Tesalonicenses 2:7).

Cuando te encuentras perdida en el caos y confundida respecto al cuidado de tus hijos jóvenes, recuerda la parte importante que juegas en mantener su mundo a salvo y feliz. Cuando te encuentres enterrada en el desorden y en el embrollo de criar hijos de escuela elemental, recuerda cuánto dependen de ti para su seguridad. Cuando te encuentres batallando con el desastre y el desorden de criar hijos adolescentes, recuerda cuánto los amas y cuánto necesitan que tú creas en ellos. Nunca lo olvides: si tienes hijos, son uno de tus más grandes legados.

Su legado en la Escritura

Lee Mateo 20:20-21

1. ¿Qué quería en realidad la madre de Jacobo y Juan? ¿Crees que estaba pidiendo solo honor para sus hijos o quería también algo para sí?

2. ¿Cómo reaccionas cuando tus hijos son honrados? ¿Cómo reacciones cuando tus hijos, por alguna razón, no son honrados? ¿De qué forma eres tú similar con Salomé?

Lee Mateo 20:22-23

3. ¿De qué «copa» está hablando Jesús aquí? ¿Crees que sus discípulos contestaron su pregunta de manera acelerada o lo hicieron seriamente?

4. ¿Sería sabio prevenir todo sufrimiento en la vida de tus hijos? ¿Por qué sí o por qué no?

Lee Mateo 20:24

5. ¿Por qué se indignaron los otros discípulos con Jacobo y Juan en lugar de hacerlo con la madre de ellos? ¿Crees que Jacobo y Juan tenían alguna responsabilidad de las acciones de su madre?

6. Si hubieras estado ahí, ¿qué le habrías dicho a Salomé? ¿Le has dicho alguna vez algo similar a la madre de uno de los amigos de tu hijo, tal

vez no cara a cara, mas sí para tus adentros? ¿Por qué están las madres tan prestas a proteger y elevar a sus hijos?

Lee Mateo 20:25-27

7. Con estas palabras, Jesús da completamente la vuelta a las reacciones naturales de su cultura y de la nuestra. ¿Cómo crees que reaccionaron los discípulos y Salomé a sus palabras? ¿Qué crees que Salomé pudo pensar en ese momento?

8. ¿Qué tan fácil o difícil es jugar el papel de sierva para ti? Define el liderazgo de servicio. ¿Qué tiene que cambiar en tu vida para que llegues a ser realmente una líder sierva?

Su promesa

Aunque la típica mujer de los tiempos bíblicos estaba en un rol subordinado, su posición como madre es exaltada en la Escritura. Dios Padre reconoció, desde el mismo comienzo, el papel importante que jugaría una madre en las vidas de sus hijos, y prometió bendecirlas. Esas mismas promesas aplican a tu vida hoy.

Promesas en la Escritura

«También le dijo Dios a Abraham: — A Saray, tu esposa, ya no la llamarás Saray, sino que su nombre será Sara. Yo la bendeciré, y por medio de ella te daré un hijo. Tanto la bendeciré, que será madre de naciones, y de ella surgirán reyes de pueblos»

(Génesis 17:15-16).

«A la mujer estéril le da un hogar y le concede la dicha de ser madre»

(Salmos 113:9).

«Sus hijos se levantan y la felicitan; también su esposo la alaba. "Muchas mujeres han realizado proezas, pero tú las superas a todas"»

(Proverbios 31:28-29).

«¿Puede una madre olvidar a su niño de pecho, y dejar de amar al hijo que ha dado a luz?»

(Isaías 49:15).

Viernes

Su legado de oración

« – *Ordena que en tu reino uno de estos dos hijos míos se siente a tu derecha y el otro a tu izquierda*»

(Mateo 20:21).

Reflexiona sobre: Mateo 20:20-28.

Alaba a Dios: porque su Hijo nos ha mostrado el verdadero significado de la grandeza.

Da gracias: por todas las formas, grandes y pequeñas, en que Dios te ha servido.

Confiesa: el orgullo y la ambición desmedida.

Pídele a Dios: que te dé gracia para hacer la conexión entre el camino abajo que lleva al de arriba; esto es, que la mujer humilde será considerada grande en su reino.

Levanta tu corazón

Muchas mujeres oyen el mensaje de servicio y lo interiorizan en formas poco saludables. En lugar de darse cuenta de su dignidad inherente como mujeres, definen, en principio, su valor en términos de los otros. Pero tanto hombres como mujeres están llamados a ser modelos de Cristo, que no era una persona que padeciera de baja auto estima. Su humildad no era una máscara para un sentido de falta de valor propio.

Si has cometido el error de vivir tu vida a través de la de tu marido o tus hijos, pide a Dios la gracia para cambiar. Admite que eres un ser humano que necesita cuidado, consideración y que necesitas reaprovisionarte. Pídele a Dios restaurar el balance en tu vida. Pero, mientras vas por el proceso de encontrarlo, no elimines la palabra «humildad» de tu vocabulario al abrazar una vida de egoísmo. Esta semana, pide cada día por ojos para ver la necesidad de otra persona. Luego, pide la gracia para servir de forma que modele realmente la humildad de Jesús.

Señor, perdóname cualquier forma de orgullo que haya arrinconado en mi corazón. Cuando sea que me sienta tentada a pensar o actuar con ambición y egoísmo, pon un anuncio en mi espíritu. Dame, en su lugar, el coraje para ser una sierva. Haz más espacio en mi corazón para tu amor. Eso oro en el nombre de Jesús, Amén.

DISFRUTE DE OTRAS PUBLICACIONES DE EDITORIAL VIDA

Desde 1946, Editorial Vida es fiel amiga del pueblo hispano a través de la mejor literatura evangélica. Editorial Vida publica libros prácticos y de sólidas doctrinas que enriquecen el caudal de conocimiento de sus lectores.

Nuestras Biblias de Estudio poseen características que ayudan al lector a crecer en el conocimiento de las Sagradas Escrituras y a comprenderlas mejor. Vida Nueva es el más completo y actualizado plan de estudio de Escuela Dominical y el mejor recurso educativo en español. Además, nuestra serie de grabaciones de alabanzas y adoración, Vida Music renueva su espíritu y llena su alma de gratitud a Dios.

En las siguientes páginas se describen otras excelentes publicaciones producidas especialmente para usted. Adquiera productos de Editorial Vida en su librería cristiana más cercana.

DEDICADOS A LA EXCELENCIA

Una vida con propósito

Rick Warren, reconocido autor de *Una Iglesia con Propósito*, plantea ahora un nuevo reto al creyente que quiere alcanzar una vida victoriosa. La obra enfoca la edificación del individuo como parte integral del proceso formador del cuerpo de Cristo. Cada ser humano tiene algo que le inspira, motiva o impulsa a actuar a través de su existencia. Y eso es lo que usted podrá descubrir cuando lea las páginas de *Una vida con propósito*.

0-8297-3786-3

NVI Audio Completa

0-8297-4638-2

La Biblia NVI en audio le ayudará a adentrarse en la Palabra de Dios. Será una nueva experiencia que le ayudará a entender mucho más las Escrituras de una forma práctica y cautivadora.

BIBLIA NVI
LIBERTAD EN CRISTO

0-8297-4067-8

BIBLIA RVR60 LIBERTAD EN CRISTO
0-8297-4096-1

Lo que parecería una falsa retórica es real: se puede ser libre en Cristo. Libre de las depresiones, las adicciones, la rabia, la ansiedad, el miedo o cualquier otro problema que haya permanecido por mucho tiempo. Si la libertad es algo que ha perseguido para usted o para alguien a quien ama, este sencillo estudio de cincuenta y dos semanas de la Biblia representará una profunda y duradera experiencia.

Nos agradaría recibir noticias suyas.
Por favor, envíe sus comentarios sobre este libro
a la dirección que aparece a continuación.
Muchas gracias.

Editorial Vida
8410 NW 53rd Terrace, Suite 103
Miami, Florida 33166

Vida@zondervan.com
www.editorialvida.com